PLAN

D'UNE VILLE

DE

CENT MILLE AMES,

C'EST-A-DIRE,

Cahier servant de suite audit Plan, contenant non-seulement le détail de la forme générale et particulière de chaque objet, ainsi que celui de son utilité, de sa beauté, et des agrémens et avantages qui en résultent, mais encore le moyen de pouvoir l'exécuter en très-peu de temps, sans fonds d'avance, et sans qu'il en coûte rien à l'Etat, quoique dirigé et entrepris aux frais du Gouvernement.

Par JEAN-JACQUES M.***

A PARIS,

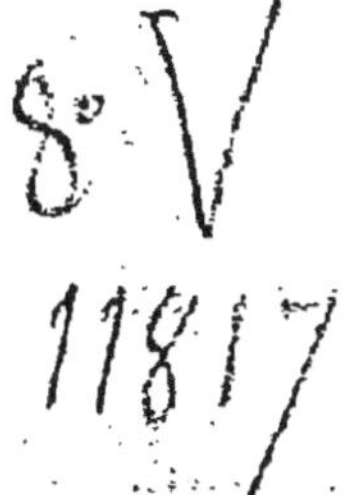

AVANT-PROPOS,

SUR L'UTILITÉ ET LA FACILITÉ DE L'EXÉCUTION DE CE PLAN.

Vu que jusqu'à ce jour il n'existe et n'a jamais existé de ville véritablement belle (1), ni même exempte (du moins la plupart) d'un très-grand défaut, qui est celui d'être trop grande ou trop petite, puisque toutes les villes au-dessus ou au-dessous d'une population de 80 à 100 mille ames ne peuvent être que très-désagréables sous plusieurs rapports (2), il est

---

(1) Voyez la preuve à l'article beauté d'une ville, à la fin de cet ouvrage.

(2) Vu qu'étant plus grandes, elles sont, 1º. très-désagréables par l'impossibilité d'y pouvoir maintenir de bonnes mœurs et une bonne police; par conséquent de pouvoir prévenir les accidens en tous genres qui y arrivent, pour ainsi dire, à chaque instant; 2º. exposées à une cherté excessive de tous les objets de première nécessité, par le trop grand éloignement de tout; 3º. sujettes au désagrément d'un air très-malsain, qui, joint à des malaises et maladies fréquens, abrége infiniment le terme de notre existence; 4º. désagréables, par la facilité de pouvoir servir de noyau à de très-grands désordres, et même au bouleversement général de l'Etat, par la trop grande réunion de personnes sans aveu (vagabonds et filous, ainsi qu'un grand nombre de personnes dans la dernière misère par leur faute, savoir : fainéantise, ivrognerie, jeux ou bonne chère, etc.), qui au moindre mouvement (placard ou écrit séditieux) de quelques mécontens ou ambitieux, sont prêts à prendre leur parti (les uns par l'espoir du pillage, et les autres par l'ambition de posséder quelque place avantageuse), et d'autant plus à craindre, que n'ayant rien à perdre et tout à gagner, la plupart sont d'une témérité sans égale (hardiesse et férocité, capables de tout); 5º. d'aucun agrément pour presque la totalité des habitans de l'Etat, vu qu'elles ne peuvent être qu'à une très-grande distance les unes des autres, par conséquent sans aucun agrément pour eux, tandis que des villes de 100 mille ames peuvent se trouver à la portée de tout le monde (que 12 à 15 lieues les unes des autres) : et si, d'un autre côté, ces villes sont trop petites (au-dessous de la population citée ci-dessus), elles se trouvent privées de tous les principaux agrémens de la vie, c'est-à-dire, du plaisir d'avoir une population assez nombreuse pour donner à tout l'ensemble cet air animé de gaieté et de variété qui fait nos délices, et qui

A

étonnant qu'un objet aussi important pour l'agrément de tous soit absolument abandonné au hasard, sans plans, ni bornes fixes, lorsqu'il ne tient qu'à nous (c'est-à-dire, qu'à nos chefs) de nous procurer la plus agréable existence possible, en adoptant ce Plan (3) et fixant ce taux, puisqu'une ville de cent mille ames peut jouir de tous les plaisirs et agrémens d'une ville d'un million d'ames, sans être sujette aux mêmes désagrémens.

Je désirerois donc que tous les Etats (arrondissement, province ou département) d'une population de trois cent mille ames, qui se trouvent privés d'une ville assez considérable pour en être la capitale (4), adoptassent l'exécution de ce Plan, d'autant plus qu'il feroit en même temps le bonheur de tous les habitans qui se trouvent à 12 et 15 lieues

---

de plus, facilite le moyen d'avoir et de jouir de tous les objets d'une utilité générale, comme Académie, Bibliothèque publique et Jardin des Plantes, etc., ainsi que de tous les principaux agrémens particuliers, savoir, spectacle varié, et promenades publiques pour tous les temps et toutes les saisons.

(3) Dont l'exécution ne peut souffrir aucune difficulté quelconque (par la raison citée au bas de ce Plan), et qu'il est de plus indispensable d'augmenter encore de près de moitié la demeure des habitans de l'Europe, vu qu'il n'est pas douteux que sa population peut être encore presque doublée, par l'amélioration et la perfection de son état d'agriculture, indiqué à l'article agriculture d'un ouvrage particulier, intitulé : *Moyens de faire l'Etat le plus heureux possible* (non compris la possibilité de pouvoir trouver, par la suite, des moyens de faire produire la terre le double, soit par de nouveaux engrais inconnus jusqu'à nos jours, soit par une nouvelle manière de les cultiver, etc.), ainsi que la possibilité de trouver de nouveaux moyens infiniment plus économiques pour nourrir les pauvres. Pourquoi donc laisser s'agrandir encore chaque jour, faute de création de nouvelles villes plus agréables (recherchées par les rentiers et personnes aisées, puis naturellement suivies et peuplées par l'espoir d'y trouver du travail et l'appât du gain, par une infinité d'artistes, négocians et ouvriers en tous genres), toutes ces anciennes villes, dont la plupart ne sont que des cloaques *dignes* de pitié, sans honneur pour l'Etat, et sans agrémens pour personne ?

(4) Comme par exemple en France, où il y a un grand nombre de très-beaux départemens, qui n'ont pas même de ville de 20 à 30 mille ames, par conséquent peu faite pour être la capitale d'une étendue aussi considérable. *Nota.* Quant aux Etats qui ne sont que d'une très-petite étendue, savoir, que de 100 ou 150 mille ames, il paroîtra sous peu un plan de ville qui ne sera que de 50 mille ames, et réunira, à peu de chose près, les mêmes beautés et agrémens que celui de 100 mille ames.

à la ronde; puisque cette ville, par sa beauté et ses agrémens uniques, feroit, 1°. non-seulement le délice de tous ses habitans, mais encore, par sa proximité, celui de toute l'étendue de son territoire; 2°. par cette même proximité, vu sa grandeur (et son luxe, tel que je désirerois qu'il fût partout, et que j'en ai donné les raisons dans un ouvrage particulier), par conséquent ses besoins et moyens de débouchés en tous genres, le bien-être et le bonheur de toute l'étendue de sa dépendance.

CHOIX DU SITE NÉCESSAIRE

Pour l'emplacement de cette ville.

CETTE ville sera placée, autant qu'il sera possible, dans une plaine parfaitement unie, vu qu'indépendamment de l'avantage de ce que la perspective des rues sera plus étendue, par conséquent plus belle, elles seront infiniment moins incommodes et fatigantes pour les gens de pied, ainsi que pour les voitures; joint à cela, bien moins sujettes à des accidens fâcheux dans les temps de pluies, neiges, verglas, etc.

GRANDEUR D'UNE VILLE DE CENT MILLE AMES,

C'est-à-dire, longueur et largeur.

LONGUEUR
{
4 carrés de 2,450 pieds de longueur chacun (5), ci.. 9,800 pieds.
3 grandes rues de 70 pieds de largeur chacune, ci. 210
2 pourtours de 100 pieds de largeur chacun, ci..... 200
2 remparts (un à chaque extrémité) de 157 pieds chacun. ci..................................... 314
2 jardins extérieurs de 100 pieds de largeur chacun, ci. 200
— Ajoutez 13 pieds pour la galerie du pourtour de la ville, ci..................................... 26
} 10,750 pieds.

---

(5) Voyez ci-après, à l'article *grandeur de chaque carré*, l'article *longueur.*

LARGEUR.

- 4 carrés de 1,650 pieds de largeur chacun (6), ci...... 6,600 pieds.
- 3 grandes rues de 70 pieds de largeur chacune, ci.... 210
- 2 pourtours de 100 pieds de largeur chacun, ci...... 200
- 2 remparts (un à chaque extrémité) de 157 pieds chacun, ci......................... 314
- 2 jardins extérieurs de 100 pieds de largeur chacun, ci. 200
- — Ajoutez 13 pieds pour la galerie du pourtour de la ville, ci............................. 26

7,550 pieds.

GRANDEUR D'UN CARRÉ,

C'est-à-dire, longueur et largeur d'un carré.

LONGUEUR.

- 24 maisons de longueur (12 de chaque côté de la moyenne rue), de 100 pieds de largeur chacune, ci... 2,400 pieds.
- — La moyenne rue au centre..................... 50

2,450 pieds.

LARGEUR.

- 16 maisons de largeur (8 de chaque côté de la moyenne rue), de 100 pieds de largeur chacune, ci..... 1,600 pieds.
- — La moyenne rue au centre..................... 50

1,650 pieds.

DÉTAIL PARTICULIER

De la grandeur de chaque carré.

LONGUEUR.

D'un côté jusque sur la place.

- Profondeur des maisons des grandes rues jusqu'à la petite rue.............. 200 p^s.
- Largeur de la petite rue.............. 30
- Profondeur entre les deux petites rues... 140
- Largeur de la petite rue.............. 30
- Profondeur des maisons et cours du côté des hôtels....................... 70

1,050 p^s.

- Profondeur des cours et écuries des hôtels...... .... 100 p^s.
- Profondeur des jardins des hôtels 325
- Épaisseur des hôtels (profondeur) 35
- Profondeur de la cour et maison sur la place............ 120

580 p^s.

- Largeur de la place....................... 350
- De l'autre côté de la place, jusqu'à la grande rue, comme ci-dessus........................... 1,050

2,450 pieds.

(6) Voyez ci-après, à l'article *grandeur de chaque carré*, l'article *largeur.*

LARGEUR.	**D'un côté jusqu'au jard.**	Profondeur des maisons des grandes rues jusqu'à la petite rue................ 200 p^s.	
		Largeur de la petite rue............... 30	
		Profondeur entre les deux petites rues... 140	470 p^s.
		Largeur de la petite rue............... 30	
		Profondeur des maisons et cours du côté des jardins des hôtels............... 70	
	Largeur des jardins des hôtels...................... 710		
	De l'autre côté des jardins, jusqu'à la grande rue, comme ci-dessus.................... 470		

(with total bracket: 1,650 pieds.)

RUES.

Leur largeur et forme fixe.

Il y aura de trois sortes de largeurs de rue, savoir : grandes, moyennes et petites, et toutes auront des trottoirs (7).

Les grandes rues, au nombre de six, dont trois en longueur et trois en largeur, auront 70 pieds de largeur (8), et seront de la forme suivante : 1°. de chaque côté des maisons il y aura un trottoir de 9 pieds de largeur (9), et 6 pouces d'élé-

---

(7) Vu que les trottoirs réunissent à l'agrément de la commodité des gens de pied, et la conservation de la propreté extérieure des boutiques, l'avantage de procurer encore un coup d'œil infiniment plus beau et plus agréable à chaque rue.

(8) Cette largeur étant censée la plus belle et la mieux proportionnée, vu que d'un côté elle est assez grande pour leur donner un coup d'œil vraiment magnifique, et de l'autre, pas trop grande pour, faute d'une circulation suffisante, les rendre d'un aspect triste et désert.

(9) Cette belle et grande largeur joindra à la commodité des piétons l'agrément d'une perspective superbe. Quant aux amateurs des galeries, ils en trouveront deux très-belles, et en même temps d'un très-bel effet par leur situation, à l'article *galeries publiques*; mais pas plus, vu qu'elles sont naturellement sombres et fort tristes, si elles ne se trouvent point en face d'un endroit très-découvert, et que par conséquent elles ne conviennent aucunement dans des rues ordinaires, et que d'un autre côté elles ne produisent jamais l'effet de la beauté et gaieté d'une rue dé-

vation ; 2°. depuis les trottoirs jusqu'au ruisseau, un revers de 10 pieds de largeur (10) ; 3°. au centre, une chaussée de 32 pieds de largeur, pour le roulement des voitures (11).

Les moyennes rues (qui des grandes rues aboutissent aux places publiques et aux petites rues) auront 50 pieds de largeur, et seront de la forme suivante : 1°. de chaque côté des maisons il y aura un trottoir de 7 pieds de largeur et de 6 pouces d'élévation, comme ceux des grandes rues ; 2°. depuis les trottoirs jusqu'au ruisseau, un revers de 8 pieds de largeur ; 3°. au centre, une chaussée de 20 pieds de largeur, pour les voitures.

Les petites rues (en quelque façon invisibles), destinées pour les ateliers en tous genres, et leurs cours pour placer toutes les écuries et remises, etc., voyez l'article *Police d'agrément*, auront 30 pieds de largeur (12), et seront de la forme suivante : 1°. de chaque côté des maisons il y aura un trottoir de 5 pieds de largeur (13) et de 6 pouces d'élévation, comme ceux des grandes et moyennes rues ; 2°. au lieu de chaussées au centre, un ruisseau, par conséquent, depuis les trottoirs jusqu'au ruisseau, un revers de 10 pieds de chaque côté, ce qui fait un espace de 20 pieds pour le roulement des voitures.

---

gagée avec de beaux trottoirs ; ce qui est, sans contredit, la première et la principale beauté d'une ville.

(10) Ce qui, avec la loi citée à la note suivante, assurera pour toujours la plus grande propreté des trottoirs, etc., et procurera de plus l'agrément de la décharge des bois, vins, meubles, etc., sans embarrasser aucunement les trottoirs ni les rues.

(11) Au moyen d'une loi qui, 1°. oblige toutes les voitures de ne rouler que sur les chaussées, et jamais sur le revers des trottoirs ; 2°. leur défende de s'arrêter ailleurs que sur le revers des trottoirs, avec une roue dans le ruisseau ; 3°. ordonne de prendre toujours la droite, les rues ne seront jamais engorgées ni embarrassées, ni les trottoirs salis par les éclaboussures.

(12) Cette largeur est encore très-belle, puisqu'elle est égale à une des plus belles rues de Paris, savoir : celle de la Loi (Richelieu), et de plus d'un plus beau jour (par conséquent d'un aspect plus gai), vu que les maisons n'y seront que de deux étages de hauteur ; ce qui, joint à la beauté de leurs trottoirs de chaque côté, et la belle régularité de leurs maisons et forme d'architecture, ne laisse pas de doute que ces petites rues formeroient encore à elles seules une des plus belles villes de nos jours.

(13) Largeur encore égale à ceux des plus belles rues de Londres.

MAISONS.

FORME *d'architecture, et variété dans chaque Rue.* Comme la régularité est toujours d'un aspect infiniment plus beau et plus majestueux que l'irrégularité, et en même temps beaucoup moins monotone (14), toutes les maisons d'une même rue seront d'une même forme d'architecture. Mais pour varier le coup d'œil de chaque rue, les maisons de chaque rue seront d'une forme d'architecture différente, soit pour le cordon de séparation de chaque étage, soit pour le pourtour des croisées, support des croisées, ou chapiteaux, guirlandes, moulures, rayures et couleurs, etc. (15), ainsi que les balcons et la forme extérieure des boutiques dans les grandes et moyennes rues (16).

Détail des Maisons des grandes Rues.

HAUTEUR. Toutes les maisons des grandes rues seront de trois étages, cette hauteur étant la plus parfaite et la plus agréable sous tous les rapports, savoir : 1°. assez haute et majestueuse pour être d'un très-bel effet; 2°. pas trop haute pour être incommode à ceux du premier étage, par une population trop nombreuse de personnes de toute espèce (17). *Nota.* Quant à la hauteur des étages, le plain-pied (les boutiques

---

(14) Puisque toutes les plus belles places de Londres, faute de cette régularité, sont, 1°. absolument sans effet; 2°. par cette irrégularité même, d'une ressemblance et monotonie insupportables, vu que, sans la différence de leurs grandeur et forme particulières, on croit voir toujours la même place. Il est donc constant que cet exemple, qui peut s'appliquer à toutes les rues, prouve assez le désagrément de l'irrégularité, ainsi que le triste effet qui en résulte.

(15) Dans les moyennes rues, il y aura encore une différence pour la hauteur et la largeur des maisons, croisées, boutiques, etc., et dans celles des petites rues, celle de la hauteur des maisons, vu qu'elles ne seront que de deux étages.

(16) Par conséquent, quoiqu'au fond de la même forme, elles seront d'une différence frappante, et toujours d'un très-bel effet.

(17) Ni nuisible à la beauté du jour des maisons qui sont en face.

(8)

avec les 4 pouces d'élévation au-dessus du niveau des trottoirs) aura 11 pieds, le premier étage 12 pieds, le second étage 11 pieds, et le troisième étage 10 pieds.

LARGEUR. Chaque maison aura 100 pieds de largeur, et neuf croisées de face (18), avec la porte d'entrée et l'escalier au centre, par conséquent quatre croisées de face de chaque côté, vu qu'au moyen de ces quatre croisées de chaque côté de l'escalier, on pourra, 1°. se faire de très-beaux logemens (19); 2°. en mettant deux croisées pour faire une boutique, deux très-belles boutiques de chaque côté de la porte. Quant au détail de la largeur totale, voyez ci-après la note 21.

PROFONDEUR. La profondeur totale de ces maisons de dehors en dehors, sera de 30 pieds, et celle de dedans en dedans de 27 pieds, vu que c'est censé la plus agréable et la plus commode pour toutes sortes de distributions.

CROISÉES. L'ouverture des croisées sera de 6 pieds en largeur (20) (la totalité étant de 10 $\frac{1}{2}$ pieds, il restera encore un trumeau de 4 $\frac{1}{2}$ pieds de largeur), et la hauteur (vu qu'il y aura des balcons à tous les étages) de 10 pieds au premier étage, de 9 pieds au second étage, et de 8 pieds au troisième étage. Joint à cela, pour en rendre le coup d'œil plus riche et plus gai encore, 1°. tous les carreaux sur la grande rue seront à l'anglaise; 2°. on se contentera de jalousies; par conséquent on défendra les contrevents et les persiennes, vu que par ce moyen tout le mur et les ornemens autour des croisées se trouveront dégagés de toute part.

BALCONS. Il y aura des balcons à toutes les croisées de la grande rue; mais leur forme sera non-seulement différente à chaque étage, savoir, très-riche au premier étage, moyenne au

---

(18) Y compris le mur de séparation et celui du bout des rues.

(19) D'autant plus que les maisons voisines se trouvant au même niveau, on pourra les prolonger de quatre autres croisées, moyennant une porte de communication, et jouir de l'agrément d'une double entrée et sortie.

(20) Cette grande largeur (égale à celles de la Bibliothèque nationale à Paris) aura l'avantage, 10. de donner à la partie extérieure des maisons des grandes rues, un air de grandeur et de beauté peu inférieur aux plus beaux hôtels ; 20. de pouvoir faire de superbes supports et chapiteaux de croisées, ainsi que de très-belles guirlandes en tous genres, au-dessus ou au-dessous de ces croisées, ce qui les embellira encore.

second, et fort simple au troisième, mais encore d'une forme et dessin absolument différens dans chaque rue.

PORTES, ESCALIERS, *et passages dans les cours et jardins, etc.* Ces divers objets, y compris le mur de chaque côté, occuperont 14 pieds et 4 $\frac{1}{2}$ pouces en largeur (21), et seront divisés de la manière suivante, savoir: 1°. la principale porte d'entrée de chaque maison, ainsi que celle de derrière sur la cour et le jardin, seront placées au centre, et de 5 pieds de largeur sur 8 pieds de hauteur, toutes deux à deux battans, et de jour toujours ouvertes; mais il y aura des demi-portes à barrelages, également à deux battans, et de 3 pieds de hauteur, qui seront toujours fermées (au moins au loquet) (22); 2°. l'allée de passage dans les cours et le jardin, etc., sera de même au centre (directement en face des deux portes), et également de 5 pieds de largeur (23); 3°. l'escalier sera placé de chaque côté de l'allée (le long des murs), et aura 4 pieds de largeur, y compris la rampe de fer; 4°. les 16 $\frac{1}{2}$ pouces restant serviront à faire le mur de séparation de chaque côté, qui par conséquent sera de 8 $\frac{1}{4}$ de pouce d'épaisseur.

CAVES. L'entrée de toutes les caves sera dans la cour, au moyen de quoi elles n'embarrasseront jamais ni les rues, ni les allées, ni tout autre passage quelconque.

COURS. Chaque maison aura deux cours, indépendamment de celle de la maison de la petite rue, savoir : une

---

(21) Au moyen de ce que, 1°. chaque croisée occupera 10 pieds et demi (savoir, 6 pieds d'ouverture et 4 pieds et demi d'entre-deux), par conséquent les huit croisées 84 pieds ; 2°. la porte d'entrée 14 pieds et 4 pouces et demi ; 3°. le mur mitoyen 1 pied et demi, chaque maison de neuf croisées de face se trouvera avoir 99 pieds et 10 pouces et demi, et, en y comprenant le mur extérieur de chaque bout d'un carré (de douze maisons), chaque maison sera de 100 pieds.

(22) Quoique la porte de devant ne sera que de 5 pieds de largeur et de 8 pieds de hauteur, l'ouverture en pierre ne sera pas moins de 9 pieds de largeur et de 11 pieds de hauteur (niveau du haut du vitrage des boutiques) : tout le vide restant sera en bois à demeure fixe, et formera avec la porte de 5 pieds au centre, l'effet d'une grande et belle porte cochère, dont les deux côtés, ainsi que le dessus, seront ornés du meilleur goût.

(23) Ce qui procurera de dessus les trottoirs (au moyen des portes toujours ouvertes, et la demi-porte à barrelage citée ci-dessus), le plaisir de la vue de tous les jardins des grandes rues, par conséquent à chaque instant des petites échappées de vue très-gaies et très-agréables.

petite entre la maison et le jardin, de 15 pieds de profondeur et 76 pieds de largeur (vu qu'il y aura de chaque côté du mur un plain-pied de 12 pieds de largeur sur 12 de hauteur, avec une terrasse), séparée du jardin que par un barrelage à jour de 4 à 5 pieds de hauteur (ou une balustrade ordinaire à carreaux, de 3 pieds de hauteur), afin que tous ceux de la maison puissent jouir de l'agrément de la vue de ce jardin ; 2°. une grande cour entre le jardin et la cour de la maison de la petite rue, de 50 pieds de profondeur et de 40 pieds de largeur, vu que de chaque côté du mur, il y aura un bâtiment de 30 pieds de profondeur et de 30 pieds de hauteur, composé d'un plain-pied et un premier, ou grenier, destiné pour des écuries et remises, ou magasins, etc., de la grande maison, avec le droit d'entrée et de sortie sur la petite rue.

JARDINS. Chaque maison aura l'agrément d'avoir à la suite de sa première cour un très-joli jardin de 50 pieds de profondeur sur 60 pieds de largeur (24), propre à produire de tout (notamment une grande quantité de fruits ; au moyen des espaliers de trois côtés jusqu'au premier étage), vu qu'il se trouvera suffisamment aéré et exposé au soleil ; puisque, 1°. il se trouvera éloigné de 15 pieds (de toute la profondeur de la première cour) du grand corps de bâtiment sur la rue ; 2°. que les deux pavillons sur le côté ne seront élevés que de 35 pieds sur le devant (quoique élevés de 45 pieds à leur comble) ; 3°. que le mur de séparation du jardin d'avec la grande cour, ne sera que de 30 à 35 pieds de hauteur (25). *Nota*, pour la communication et passage de la maison

---

(24) Cette largeur pourroit être de 100 pieds, comme celle de la maison ; mais comme il n'y a rien de plus agréable dans une ville que des logemens sur des jardins, il y aura de chaque côté du mur, dans toute la profondeur du jardin (les 50 pieds), un pavillon de 20 pieds de largeur et de 2 étages de hauteur, de la forme suivante : 1°. le plain-pied de 11 pieds de hauteur, y compris les 4 pouces d'élévation au-dessus du niveau du jardin ; 2°. le premier étage de 10 pieds de hauteur ; 3°. le second étage de 9 pieds de hauteur, ce qui fait ensemble 30 pieds de hauteur ; et en y comprenant les deux plafonds du plain-pied, et du premier étage de 18 pouces d'épaisseur chacun (3 pieds), puis 2 pieds pour corniche sous le toit, la hauteur totale sera de 35 pieds sur le devant, et 45 pieds sur le derrière.

(25) Comme ce mur forme le fond de ce jardin, et qu'il pourra être peint en paysages, forêts ou croisées, pour ne former qu'un seul corps avec

de la grande rue, dans la grande cour et les petites rues, il y aura au milieu de ce jardin une allée de 5 pieds de largeur, séparée du jardin par un barrelage à jour de 4 à 5 pieds de hauteur, ou une balustrade ordinaire à carreaux, de 3 pieds de hauteur.

Détail des Maisons des moyennes Rues.

L'ARCHITECTURE, ainsi que la forme générale des maisons des moyennes rues, sera parfaitement semblable à celle des grandes rues, excepté, 1°. qu'elles seront un peu plus étroites, savoir, les croisées avec les entre-deux que de 8 $\frac{1}{2}$ pieds de largeur au lieu de 10 $\frac{1}{2}$ pieds (dont 5 pieds d'ouverture et 3 $\frac{1}{2}$ pieds d'entre-deux); 2°. trois pieds moins hautes, savoir, le premier étage que de 11 pieds de hauteur au lieu de 12, le second étage que de 10 pieds au lieu de 11, et le troisième étage que de 9 pieds au lieu de 10; et, par une suite naturelle de cette diminution, les croisées du premier étage que de 9 pieds de hauteur au lieu de 10, celles du second étage que de 8 pieds au lieu de 9, et celles du troisième étage que de 7 pieds au lieu de 8; 3°. la porte d'entrée réduite à proportion des croisées (26).

Détail des Maisons des petites Rues.

HAUTEUR. Les petites rues n'ayant que 30 pieds de largeur, les maisons n'y seront que de deux étages de hauteur, vu que par cette belle proportion, et la beauté de leurs jours, elles formeront encore des rues superbes. Quant à la hauteur des étages, le premier étage n'aura que 9 pieds de hauteur, et le second étage que 8 pieds de hauteur (27).

---

les deux pavillons de côté, les propriétaires de ces maisons auront l'agrément de pouvoir se procurer une superbe perspective sur le derrière.

(26) Cette règle ne sera cependant pas générale, vu que ces moyennes rues se trouvent de trois sortes de longueurs très-inégales, et que pour les faire cadrer, il faudra peut-être les élargir ou étrécir plus ou moins, ainsi que les portes d'entrée, ou faire des maisons de treize croisées de face.

(27) Cette hauteur étant très-agréable, et suffisante pour le logement des ouvriers et les ateliers ordinaires. Quant aux ateliers extraordinaires qui ont besoin d'une hauteur plus considérable, voyez ci-après *Cours*.

LARGEUR. Toutes les maisons qui forment le derrière des maisons des grandes et moyennes rues, seront de la même largeur qu'elles, vu qu'elles sont censées en faire partie; mais toutes les autres seront divisées selon l'étendue de la place où elles se trouvent, mais toujours, autant qu'il sera possible, de la même largeur que celles des rues moyennes.

PORTES ET CROISÉES. Toutes les portes des maisons des petites rues seront placées au centre, et de 8 à 9 pieds de largeur, vu que leurs cours et arrière-cours (notamment derrière les grandes et moyennes rues, ainsi que celles derrière les grandes places publiques) sont destinées pour des écuries et remises, etc. A l'égard des croisées, elles ne seront que de 4 pieds 4 pouces de largeur. *Nota.* Les maisons des petites rues qui se trouvent derrière les maisons des grandes rues, au lieu de n'avoir que 4 croisées de face de chaque côté de la porte (de $10\frac{1}{2}$ pieds de largeur, qui font 42 pieds), en auront 5 de chaque côté (de 8 pieds 5 pouces chacune, ce qui fait également 42 pieds).

COURS. Comme les petites rues ne sont établies que pour contenir, 1°. tous les arts et métiers cités à l'article *Police d'agrément ;* 2°. toutes les écuries et remises, etc., et que l'on n'a point voulu défigurer la forme de ces rues par des murs et maisons d'une irrégularité désagréable, afin de les conserver aussi belles qu'il est possible (28), il sera permis, 1°. de faire dans les cours des maisons des petites rues, derrière les maisons des grandes et moyennes rues, qui auront 25 pieds de profondeur, des hangars et bâtisses tout autour (en réservant au centre un passage pour les voitures des grandes cours qui se trouvent derrière), de 12 pieds de profondeur et 30 pieds de hauteur, pour leur servir d'ateliers particuliers, et de dépôt ou magasin, etc., ainsi que pour des écuries et remises pour leur usage; 2°. dans les cours, sur les côtés des jardins, et derrière les écuries et remises des hôtels et palais particuliers, des bâtisses adossées contre le mur de ces jardins et remises, de 15 pieds de hauteur; 3°. dans les cours entre les deux petites rues, des bâtimens de telle hauteur et largeur que l'on jugera à propos, par conséquent propres pour tous les arts et métiers quelcon-

---

(28) Équivalente encore aux plus belles rues de la plupart des villes actuelles.

qués : au moyen de quoi tous les états auront l'agrément de jouir de toutes les commodités possibles.

BOUTIQUES.

Forme fixe, et variété dans chaque Rue.

HAUTEUR. La plus belle hauteur d'une boutique étant de 11 pieds (y compris les 4 pouces d'élévation au-dessus des trottoirs), toutes auront cette hauteur fixe (29), excepté celles des petites rues, qui n'auront que 10 pieds de hauteur.

LARGEUR. Toutes les boutiques des grandes rues auront 21 pieds de largeur (30), et celles des moyennes rues 17 pieds (31). Quant à celles des petites rues, comme elles sont principalement destinées pour des ateliers, elles seront absolument à la volonté des propriétaires, savoir, que d'une, ou de plusieurs croisées de face.

PROFONDEUR. La profondeur des boutiques sera de même à la volonté des propriétaires ; mais la plus ordinaire sera censée de 15 pieds, vu qu'il restera encore (des 27 pieds de profondeur totale) 12 pieds sur le derrière, pour faire une très-belle salle, bureau, ou magasin, etc.

ARCHITECTURE ET FORME EXTÉRIEURE. 1°. A 17 pouces au-dessus des vitrages des boutiques, il régnera un cordon d'un pied de largeur, et un peu en pente, savoir, de 6 pouces de saillie en haut et de 4 pouces de saillie en bas, peint en noir, pour mettre en lettres jaunes le nom des marchandises

---

(29) Comme on laissera une distance de 15 pouces entre le plafond et le haut de la croisée (savoir, 9 pouces pour moulures, et 6 pouces pour bordures), cette distance facilitera le moyen de faire en dehors tous les enjolivemens prescrits ci-après à l'article *Architecture et forme extérieure.*

(30) Vu que l'on prendra toujours deux croisées pour faire une boutique, et que les croisées des grandes rues sont de 10 pieds et demi de largeur, y compris le trumeau.

(31) Vu que les croisées des moyennes rues ne seront que de 8 pieds et demi de largeur, et que par conséquent les deux ne produisent que 17 pieds de largeur.

seulement, le nom du propriétaire étant réservé pour être peint sur le verre de l'imposte de la porte d'entrée ; 2°. chaque séparation de boutique sera marquée par deux pilastres de 15 pouces de largeur, peints en gris, et séparés par une demi-colonne (ou vide uni) d'un pied de largeur, peint en marbre noir, avec des petits filets blancs, le tout commençant au plain-pied (à fleur du trottoir), et montant jusqu'au cordon ci-dessus dit ; 3°. tout autour du vitrage des boutiques, et même du trottoir, il y aura une moulure en bois, de 5 pouces de largeur, peinte en gris (du même gris que les pilastres) ; 4°. les vitrages seront à grands carreaux à l'anglaise, et presque à fleur du mur extérieur (qu'à 3 pouces du bord), pour faciliter dans l'intérieur le plus beau jour possible ; 5°. tout l'entre-deux des pilastres, et la moulure grise qui se trouve tout autour des vitrages, ainsi que celui qui se trouve entre le trottoir et le cordon du premier étage, sera peint en marbre, dont le fond sera de la même couleur dans toute la longueur de la même rue, mais variée dans chaque rue.

BEAUTÉ. Joint à l'agrément de la beauté et commodité de ces boutiques (belle distribution, grandeur, hauteur et beau jour), leur dehors sera d'un aspect et beauté unique, vu l'élégance de leur forme d'architecture extérieure et variété dans chaque rue, ainsi que par leur suite non interrompue par aucun autre objet quelconque.

PLACES PUBLIQUES.

Nombre et forme fixe (32).

NOMBRE. Indépendamment de seize grandes places, savoir, les quatre grandes places du centre, formant le pourtour du Palais national, et les quatre grandes places qui se trouvent dans le centre des quatre carrés des quatre coins de la

---

(32) Comme le grand nombre et la beauté des places publiques forment, sans contredit, une des principales beautés d'une ville, on verra ci-après que cette ville pourroit, sous ce double rapport, et par cette raison seule, passer pour une des plus belles villes du monde.

ville (formant le pourtour des quatre églises), joint aux huit grandes places du centre de chacun des huit carrés du pourtour de la ville (entre les quatre coins cités ci-dessus), qui seront de la même forme et grandeur que celle de la place Vendôme, à Paris, il y aura encore, 1°. les six petites places à l'entrée des petites rues, et en face des six hôtels particuliers de chacun des douze carrés du pourtour de la ville (ensemble soixante-douze); 2°. les seize petites places dans les quatre carrés du centre, en face de divers édifices publics : par conséquent, en tout cent quatre places, dont seize très-grandes, et quatre-vingt-huit petites.

FORME FIXE. 1°. La façade des bâtimens du pourtour des quatre grandes places du centre variera sur chaque place, et sera du meilleur goût possible (33); ce qui, joint à la beauté des galeries du plain-pied (34), produira, du milieu de la place (et encore plus du milieu de la terrasse du Palais national, où l'on jouit en même temps de la vue de l'entrée de sept rues), une des plus riches et des plus belles perspectives que l'on puisse voir.

2°. L'architecture des bâtimens de chacune des quatre places qui forment le tour des quatre églises, sera aussi d'une forme différente et du meilleur goût; ce qui, au moyen d'une verdure et d'une balustrade bronzée tout autour desdites quatre églises (comme à Londres), formera encore quatre places d'une grande beauté.

3°. Les huit grandes places où sont les hôtels et palais des particuliers, seront toutes d'une forme d'architecture différente (35), non-seulement pour la façade des maisons, mais encore pour la forme et la distribution du pavé et de la verdure (36).

---

(33) Vu que chaque entre-deux de rue sera d'environ 200 pieds, on pourra y faire de superbes corps de bâtimens, en forme de palais, par conséquent faire de chacune de ces quatre places un chef-d'œuvre de beauté. J'aimerois assez qu'un côté des bâtimens fût dans le goût de ceux de la place du Peuple, à Nancy, dont l'effet est d'une grande beauté, et un autre côté dans le goût de celui dit Hôtel du Gouvernement de la même ville de Nancy, dont l'effet est encore très-riche et très-agréable.

(34) Cité à l'article *galeries*.

(35) Dont il y en aura une parfaitement semblable à la place Vendôme, à Paris, vu que ces places sont positivement de la même grandeur (longueur et largeur), et d'autres qu'avec une légère bâtisse sur le devant, et un superbe hôtel au fond d'une cour de 100 pieds de profondeur, etc.

(36) Plusieurs de ces places auront des parties de verdure (variées sur

4°. Des six petites places de chaque carré, à l'entrée des petites rues, il n'y aura toujours que les deux hôtels qui se font face qui seront de la même forme d'architecture ; tous les autres seront encore d'une forme d'architecture différente ; ce qui fera encore trente-six places d'une forme d'architecture différente.

5°. Les seize places qui se trouvent dans les quatre carrés au centre de la ville, où sont divers édifices publics, seront encore toutes différentes de celles ci-dessus, tant pour la grandeur et leur forme particulière, que pour la forme d'architecture des édifices publics qui s'y trouvent placés.

PALAIS ET HOTELS DES PARTICULIERS.

Situation, forme et nombre.

PALAIS. Sur chacune des huit grandes places, des huit carrés du pourtour de la ville (les quatre coins exceptés), il y aura deux palais (en face l'un de l'autre), savoir : sur quatre desdites places, deux très-grands de 350 pieds de face chacun, et sur les quatre autres places, deux moyens de 250 pieds de face chacun, tous entre cour et jardin, avec un avant - corps de bâtiment sur la place, et derrière le jardin (contre les petites rues), des écuries, cours et remises (37). Au moyen de quoi il y aura seize palais, dont huit très-grands et huit petits, et de huit formes d'architecture différentes, vu que sur chacune desdites huit places, leur forme d'architecture variera.

HOTELS. 1°. Sur chacune des huit places ci-dessus dites, il y aura de chaque côté des palais, et sur la même ligne, un ou deux hôtels de 100 pieds de face, également entre cour

---

chaque place), qui, disposées de manière à ne rien ôter au coup d'œil général du pourtour, les rendront encore plus gaies, plus riches et plus agréables.

(37) Quant à la profondeur et à la forme générale de chacun de ces objets, voyez ci-après la note 39.

et

et jardin comme les palais, et derrière le jardin (contre les petites rues), des écuries, cours et remises; et à l'entrée des places de chaque côté de la moyenne rue, un hôtel de 100 pieds de face, avec une petite cour et un jardin par-derrière (38); au moyen de quoi il y aura sur chacune des quatre desdites huit places, indépendamment de deux palais, huit hôtels, et sur chacune des quatre autres places, douze hôtels; par conséquent, ensemble quatre-vingts hôtels et seize palais, dont la forme d'architecture sera différente sur chaque place (39).

---

(38) Dans lequel on pourroit même faire un très-beau pavillon et de beaux logemens (contre le dos du corps de bâtiment de l'hôtel qui se trouve à côté).

(39) Quoiqu'à l'article détail particulier de chaque carré, page 3, la profondeur de tous ces objets se trouve fixée, savoir : 1°. celle de l'avant-corps de bâtiment sur la place à 20 pieds, plusieurs n'auront que 12 ou 15 pieds, et d'autres point du tout (qu'une grille de fer), ou qu'une galerie en pierre à jour, de 6 à 10 pieds de largeur, avec une terrasse de communication dessus; 2°. la cour, quoique fixée à 100 pieds de profondeur, pourra se faire de 2 et même de 300 pieds de profondeur dans toute sa largeur, ou n'avoir en avant, dans une profondeur de 100 à 150 pieds, que 15 à 20 pieds de largeur (espèce d'allée garnie de verdure de chaque côté), comme l'hôtel d'Uzès à Paris, dont l'effet du dehors est très-agréable, et d'autres bâtis dans le goût de la place Vendôme dans la même ville, qui n'auront pas même de cour par-devant, et d'autres encore, au lieu de cour, un parterre ou jardin, séparé du côté de la place par une grille de fer, dont l'entrée de communication de la place avec l'hôtel se fait au moyen d'une galerie de chaque côté, vu que presque tous les palais et hôtels qui se trouvent reculés de la place, auront sensément (tant pour l'agrément de la vue sur la place, que pour embellir le coup d'œil de leur demeure) une petite aile bâtie très-étroite de chaque côté, depuis leur palais jusque sur la place, comme l'hôtel de Montmorency, rue St.-Marc, à Paris, dont l'ensemble fait un très-bel effet, quoiqu'il n'ait que 90 pieds de face, et la cour que 85 pieds de profondeur; 3°. comme tous ces palais et hôtels auront 40 pieds de profondeur, on aura l'agrément d'y pouvoir faire des distributions très-commodes, ainsi que des salles magnifiques; 4°. la profondeur des jardins étant de 325 pieds, on aura la satisfaction d'y pouvoir avoir un peu de tout, par conséquent d'en faire des jardins très-agréables; et supposé que l'on recule sur quelques-unes de ces places les hôtels et palais de 100 et même de 200 pieds (comme il est dit ci-dessus), il restera encore de quoi faire un très-joli jardin derrière; 5°. la profondeur derrière les jardins, destinée pour les écuries et remises, étant fixée à 100 pieds, on pourra faire de très-belles écuries et remises tout autour, et y avoir encore une très-belle cour dans le centre. *Nota.* Comme la régularité d'une place es

B

2°. En face de l'entrée des petites rues, en allant sur lesdites huit places, il y aura quatre hôtels de 140 pieds de face chacun, avec une petite cour et jardin par-derrière ; ce qui fait encore trente-deux hôtels, qui seront de seize formes d'architecture différentes, vu qu'il n'y aura de la même forme d'architecture que les deux hôtels qui se font face.

3°. En face de l'entrée des petites rues, derrière le jardin des hôtels et palais desdites huit places, il y aura deux hôtels de 200 pieds de face chacun, avec une petite cour et jardin par-derrière ; ce qui fera encore seize hôtels de huit formes d'architecture différentes, vu qu'il n'y aura, de même que ci-dessus, que les deux hôtels qui se font face qui seront de la même forme d'architecture.

NOMBRE. Au grand nombre de palais et hôtels cités ci-dessus, on pourroit y ajouter encore comme hôtels, 1°. toutes les maisons du pourtour des quatre places des quatre coins de la ville (où sont les églises), vu leur belle forme et situation, et que de plus la plupart ont cour et jardin par-derrière, ainsi que des écuries et remises, etc. ; 2°. toutes les maisons des grandes rues, vu que toutes sont censées des hôtels, puisque, joint à leur beauté et grandeur considérable, toutes ont cour et jardin par-derrière, et de plus la facilité d'avoir aussi des écuries, cours et remises sur les petites rues.

---

toujours infiniment plus belle, et d'un aspect plus riche que celles qui ne le sont point, la forme d'architecture adoptée pour un palais ou hôtel sur une des huit places, sera la même pour tous les autres sur la même place.

ÉDIFICES PUBLICS.

Noms, nombre, situation et usage.   SITUA-TION.

Noms, nombre, situation et usage.	SITUATION.
Le Palais du Gouvernement.	Au centre de la ville.
La résidence du Gouverneur (Préfet ou Primat). L'Hôtel de Ville. La demeure des six Chefs d'administration (40). La Trésorerie nationale. Les Archives nationales. Le dépôt de tous les Actes civils. Le dépôt de la copie de la vente de tous les biens immeubles. L'Imprimerie nationale. La Bibliothèque publique. Le Jardin des Plantes (Promenade publique) (41).	Au Palais du Gouvernement, cité ci-dessus.
Les Tribunaux, la Prison de police, et un Corps-de-garde. La Halle au blé (dépôt de blé et de farines, etc.). La Halle du commerce (42) et la Bourse. Une Caserne de 3,000 hommes (43).	Aux 4 coins des 4 carrés du centre.
Les quatre Hôtels des quatre Juges de paix des quatre quartiers, contenant chacun en même temps une salle d'Assesseurs, un dépôt de pompes à feu, et un Corps-de-garde.	En face des 4 objets ci-dessus.

(40) Dont le nom et les attributions se trouvent à la note.

(41) Voyez à la fin de l'article *Palais du Gouvernement*, l'article *Jardin*.

(42) Dépôt de draperie, toilerie, lin, chanvre et filature, etc.

(43) Nombre fixe et nécessaire pour plusieurs raisons, prouvé dans un Mémoire particulier.

Sur les 4 places longues et étroites, près des 2 petites places du palais du Gouvernement.	La Poste aux lettres d'un côté, et celle aux chevaux de l'autre. L'Ecole centrale d'un côté, et les salles d'académies (d'arts et sciences) de l'autre. Le grand Collége (Université) d'un côté, et le Séminaire de l'autre. La Douane d'un côté, et le..............de l'autre.
Près des 2 grandes places du palais du Gouvernement.	Les quatre Salles publiques , savoir, les deux Salles de spectacle (44), et les deux Salles de récréations particulières (destinées pour des assemblées ou fêtes extraordinaires, etc.). *Nota.* Tout autour de ces quatre Salles, il y aura une grande Galerie (Promenade) fermée, et couverte dans le genre des galeries de bois du Jardin-Egalité, à Paris, mais infiniment plus belle (45).
Sur les 4 places des 4 coins de la ville.	Les quatre Eglises, formant seize Chapelles. Les quatre Ecoles publiques, dont une pour chaque quartier.
Aux 4 coins de la ville.	Les quatre Hôtels de pension régis par l'Etat (Maisons de retraite très-agréables pour des personnes de tout âge, et aucunement à charge à l'Etat) (46). L'Hôpital, l'Hôtel-Dieu et les Enfans-Trouvés, etc. (47).

(44) Savoir, une pour un spectacle du premier rang, et l'autre pour former des élèves , par conséquent en même temps d'un prix très-modique, et à la portée de tout le monde.

(45) Voyez l'article *Galerie fermée*, page 31.

(46) Voyez le détail à l'article *Hôtels des pensions.*

(47) Dont le nombre des habitués sera infiniment moins grand qu'il ne l'est actuellement, si, 1o. on adopte l'établissement des maisons de retraite citées ci-dessus ; 2o. force au travail tous les fainéans en état de travailler; 3o. procure de l'occupation à tous les malheureux sans ouvrage.

Les deux Maisons de travail (48), la Prison civile, et la Prison criminelle.	Aux 4 coins de la ville.
L'Arsenal, la Caserne et les Ateliers de l'Artillerie, le Manége, et les Ecuries de cavalerie.	

Les quatre Places de marchés publics (49).	Sur les 4 places du centre.

Les vingt Fontaines publiques (50).	Cinq dans chaque quartier.

Les trois Galeries publiques. (Promenade couverte.)	

Les Boulevards et Promenades publiques.	
Le Rempart de la ville.	Tout autour de la ville.
Le Mur de la ville.	
Les Portes de la ville.	
Bureaux d'entrée, et Corps-de-garde aux Portes de la ville.	

Le Jardin extérieur. (Propriété nationale).	Hors la ville.

PALAIS DU GOUVERNEMENT.

Situation et grandeur, forme d'architecture, usage, Terrasse et Jardin.

SITUATION ET GRANDEUR. Ce palais sera placé au centre de la ville, sur une éminence de 25 pieds de hauteur, et aura (non compris les jardins qui se trouvent en avant) 1,670 pieds de longueur et 670 pieds de largeur, et en total, avec lesdits jardins, 2,470 pieds de longueur et 1,670 pieds de largeur.

---

(48) Comme la mendicité sera très-expressément défendue, vu que la plupart des mendians ne sont que des fainéans, ou des personnes réduites à la misère par leur faute (inconduite, etc.), il y aura deux maisons de travail, savoir : une dite de force, et très-dure, pour tous les individus cités ci-dessus; et une très-douce, pour tous les malheureux par accident, ou faute d'occupation.

(49) Voyez l'article *Marchés publics.*

(50) Voyez l'article *Fontaines publiques.*

FORME D'ARCHITECTURE. Ce corps de bâtiment
sera à quatre faces, et chacune de ces quatre faces sera d'une
forme d'architecture différente, savoir : une parfaitement semblable à celle du palais des Tuileries, du côté du jardin, vu
qu'elle est, sans contredit, une des plus belles et des plus riches de l'Univers (51). Quant aux trois autres façades, pour
plus de variété encore, j'aimerois qu'une de celles des deux
bouts, de 670 pieds de face, fût d'un goût absolument étran-
ger, savoir : dans le goût oriental (indien, persan ou chinois,
ainsi que le jardin qui se trouve en avant). Par ce moyen, il
n'y a pas de doute que le pourtour de ce palais formeroit, par
sa beauté et sa variété infinie, jointe à sa situation avantageuse, citée à la note ci-dessus, la plus belle et la plus riche
perspective qui ait jamais existé.

TERRASSE. Tout autour de ce palais, il y aura une terrasse de 50 pieds de largeur, pour non-seulement faciliter la
communication de tout le pourtour de ce palais, mais encore
pour servir de promenade publique, vu que de cette terrasse
(élevée de 25 pieds) on jouira de plusieurs points de vue d'une
beauté sans égale, puisque du centre de chacune des quatre
faces (et bord de la terrasse à fleur du jardin), on verra, indépendamment de toute la façade du palais du Gouvernement,
ainsi que tout le jardin qui se trouve à ses pieds (dont la forme
de l'un et de l'autre sera variée sur chacune des quatre faces),
encore, 1°. la grande et superbe place qui se trouve en face,
dont l'architecture et forme des maisons seront d'une grande
beauté (en forme d'hôtels superbes, et de même variés sur chacune desdites quatre places); 2°. l'entrée de sept rues qui se
trouvent directement en face, ce qui, joint à l'avantage de la
vue de chacun des quatre coins de cette terrasse de l'entrée et
de la sortie de vingt-deux rues, rend sans contredit la promenade du pourtour de cette terrasse, d'une beauté, gaieté et ri-
chesse au-dessus de toute expression.

JARDINS. Les quatre jardins en avant des quatre faces

---

(51) Et que celle-ci sera infiniment plus belle encore, puisqu'elle sera,
1°. beaucoup plus grande (de 1,670 pieds de face, tandis que celle citée
ci-dessus n'en a pas 1,200), par conséquent d'un aspect infiniment plus
apparent et plus riche ; 2°. placée dans une position beaucoup plus avantageuse (terrasse et talus en jardin de 25 pieds de hauteur sur 400 pieds
de face dans toute sa longueur), ce qui en rendra la perspective infiniment (plus de moitié) plus apparente et plus majestueuse encore, par
conséquent d'une beauté et magnificence unique.

de ce palais, qui seront en talus de 400 pieds de profondeur, et fermés, du côté des quatre places, par une grille
de fer bronzé de 5 pieds de hauteur (52), et séparés à chaque extrémité par une rangée de très-grands arbres (pour
donner à ce palais un plus beau coup d'œil encore), seront tous
d'une forme absolument différente, savoir : 1°. celui en face
de la façade, semblable à celle du château des Tuileries, du
même goût et de la même forme du parterre dudit château (53); 2°. le côté opposé en jardin anglais ; 3°. un de
ceux des deux bouts (pour la partie réservée pour jardin),
dans le goût indien, persan ou chinois, c'est-à-dire, analo-
gue à la façade que l'on aura adoptée pour cette partie. Quant
à ce qui est tracé sur le plan en carreaux et petites allées, ce
seront des enclos de vergers semblables à ceux en face de la mé-
nagerie du Jardin des Plantes, à Paris, mais infiniment plus
agréables et plus intéressans, vu 1°. que dans un des deux
bouts, le quinconce sera composé de tous les plus beaux arbres d'agrément, nationaux et étrangers, que le climat produit et peut supporter (54) ; 2°. que dans l'autre bout, le quinconce sera composé de toutes les espèces d'arbres fruitiers qui
se cultivent dans la Province ou Département (55), afin d'a-
voir l'agrément de trouver réunies dans un seul endroit, sans
sortir de la ville, et qu'à deux pas de chez soi, toutes les pro-
ductions les plus utiles et les plus agréables de toute la province, et de plus, le plaisir de voir l'instant de la fleur, le

---

(52) Comme celle des places publiques de Londres, dont l'effet est
très-agréable.

(53) La partie des bassins pourra être remplacée très-agréablement
par des corbeilles de fleurs, etc.

(54) Indépendamment des arbres étrangers, dits acacias, ébéniers, bois
de Judée et saules pleureurs, etc., quelques petits chênes, charmes,
ormes, sapins, etc.

(55) On pourroit aussi, vu l'extrême grandeur des jardins des deux
grandes façades, en réserver un tiers dans chaque bout pour y faire venir
dans de petits carrés de 10 pieds, 1°. toutes les graines et plantes na-
tionales les plus utiles et les plus intéressantes pour notre usage ordinaire ; 2°. toutes les graines et plantes étrangères les plus curieuses
et les plus agréables que le climat peut produire; 3°. réserver encore quelques places pour y faire des essais dans toutes les branches de l'agriculture.

progrès de leur accroissement chaque jour, et le moment de la maturité, ainsi que tout ce qu'un jardin de plantes peut produire de plus utile et de plus agréable dans le climat où il se trouve situé.

USAGE. Comme ce palais est très-vaste, on pourra y placer aisément et agréablement tous les objets cités au commencement de l'article *Édifices publics*.

ÉGLISES ET CHAPELLES.

Nombre, situation, grandeur et forme, etc.

NOMBRE. Il n'y aura que quatre églises; mais chacune de ces églises sera divisée en quatre parties, c'est-à-dire, en quatre chapelles (56) absolument détachées l'une de l'autre (de la manière dite ci-après), afin que l'on puisse y faire le service divin dans deux à la fois, sans qu'elles puissent aucunement s'interrompre; et comme, pour des raisons très-importantes, toutes les cérémonies religieuses (prières, chants et sermons, etc.) ne pourront point excéder le terme d'une heure (57), toutes les heures il pourra se faire un service complet dans deux chapelles (58), au moyen de quoi il n'y a pas de doute que ce nombre d'églises et de chapelles sera plus que suffisant (59).

(56) Vu que rien n'est plus opposé au but que l'on se propose par la religion, que l'immense grandeur et forme des églises, puisque non-seulement les prières adressées à l'Être suprême, mais encore les discours de morale, et sermons pour le maintien de l'ordre et des bonnes mœurs, ne peuvent être entendus que par un très-petit nombre d'auditeurs, l'objet le plus important devient absolument nul et de nul effet.

(57) Vu qu'indépendamment de ce que, par un terme trop long, l'attention se perd, et la présence devient inutile, le défaut de temps (et en hiver le froid) empêche un grand nombre de personnes de s'y rendre.

(58) Vu que chaque chapelle aura son entrée et sa sortie particulière (Voy. la note 62), et que, par conséquent, elles ne peuvent aucunement se gêner les unes les autres.

(59) Surtout en faisant, tous les dimanches et fêtes, quatre services dans chacune des quatre chapelles.

. SITUATION. Ces quatre églises seront placées au milieu des quatre places qui se trouvent dans le centre des quatre carrés des quatre coins de la ville, vu que cette situation réunit à l'agrément de la proximité de tous les habitans de chaque quartier (pour lesquels elles sont destinées), l'avantage de se trouver singulièrement bien placées pour produire le plus bel effet possible.

GRANDEUR et FORME EXTÉRIEURE. Chacune de ces églises formera un carré parfait de 200 pieds de face, sur 60 pieds de hauteur (60), et aura un superbe dôme au centre (61); et comme leur plain-pied sera élevé de 5 pieds au-dessus du niveau de la place, et qu'il y aura au milieu de chaque face un superbe portail de 20 pieds de largeur, avec un très-bel escalier de 10 marches de hauteur, et également de 20 pieds de largeur, ce qui joint à la beauté des ornemens qui se feront entre chaque croisée, et de plus la superbe verdure de 15 pieds de largeur qui se trouvera, tout autour (comme aux principales églises de Londres), fermé par une grille bronzée de 5 pieds de hauteur, ces églises produiront un effet d'autant plus beau, que se trouvant dégagé de toutes parts, et au centre d'une très-belle place, leur milieu (savoir, le dôme, le portail et le grand escalier) se trouvant de tous les quatres côtés en face d'une grande rue, l'aspect en sera magnifique de tous les côtés.

GRANDEUR et FORME DES CHAPELLES. Comme ces quatre chapelles seront placées dans les quatre coins de chacun des bâtimens de 200 pieds carrés cités ci-dessus, de forme ronde dans l'intérieur (de 88 pieds de diamètre), et d'une forme carrée en dehors, avec un mur de 3 pieds d'épaisseur dans la partie la plus étroite, il restera, 1°. au milieu de ce corps de bâtiment, en réduisant les quatre coins du centre des quatre chapelles à l'épaisseur de 3 pieds, un rond vide de 60 pieds pour le dôme; 2°. au milieu de chaque face de ce corps de bâtiment, un vide de 20 pieds de largeur, qui servira d'allée et de vestibule pour entrer

---

(60) En forme de terrasse unie dessus, comme les côtés du Panthéon, à Paris.

(61) De 60 pieds de diamètre en dedans, et de 100 pieds de hauteur, jusqu'à la galerie extérieure, établie pour l'agrément des amateurs de belles vues.

dans lesdites chapelles (62). Quant à la hauteur, je pense que celle de 50 pieds est la plus convenable sous tous les rapports (63).

FONTAINES PUBLIQUES.

NOMBRE ET SITUATION. Il y aura 20 fontaines publiques, savoir, quatre très-grandes (à 5 tuyaux chacune), et 16 ordinaires (d'un seul tuyau), dont cinq seront placées dans chacun des quatre quartiers de la ville; savoir, une très-grande au fond de la rue, en face de la place des quatre coins du centre, et les quatre autres aux quatre coins de l'église du quartier (64).

FORME DES QUATRE GRANDES FONTAINES. Comme chacune de ces fontaines sera placée au fond d'une rue de 50 pieds de largeur, en décorant toute cette largeur, et 20 à 30 pieds de hauteur, de tous les at-

---

(62) Pour faciliter, 1°. l'entrée et la sortie de chaque chapelle, sans aucunement gêner l'entrée et la sortie des autres chapelles, chacune aura son allée et son vestibule à part; 2°. pour ne point perdre de place inutilement, et éviter en même temps d'entendre le bruit des autres chapelles, il n'y aura qu'une seule porte d'entrée et de sortie pour chaque chapelle, placée sous la chaire et les orgues; 3°. pour la beauté du coup d'œil, le bon ordre et l'agrément de tous, il y aura des bancs pour tout le monde (en ligne directe en face de la chaire, et en demi-cercle sur les côtés de la chaire). *Nota.* En faisant le service dans deux chapelles en croix, il est impossible que le service d'une chapelle puisse nuire à l'autre, vu qu'indépendamment de ce qu'il n'y a aucun jour ni aucune communication entre elles, il se trouve encore tout le vide du dôme (qui est de 60 pieds) qui les sépare.

(63) Pour embellir l'intérieur de ces chapelles, on pourroit orner les côtés de pilastres demi-saillans, et décorer la voûte d'une peinture légère.

(64) Vu que les approches et les alentours des fontaines sont toujours très-embarrassés et fort sales, je suis bien éloigné de les regarder comme un ornement qu'il faut placer au milieu d'une rue, puisque par l'embarras, la boue et la malpropreté qu'elles y occasionnent, elles produisent plutôt un effet absolument contraire et très-désagréable. Il n'est pas douteux que le choix de l'emplacement que je viens de faire est infiniment préférable sous tous les rapports.

tributs analogues aux fontaines, et faisant (s'il est possible) tomber l'eau de 20 pieds de hauteur, de bassins en bassins en forme de cascade, jusqu'à 5 pieds de terre, pour de là entrer dans un grand réservoir, et ressortir par 5 tuyaux dans trois superbes bassins, dont un très-grand dans le milieu pour recevoir 3 tuyaux, et deux moyens de chaque côté pour recevoir un tuyau chacun, il n'est pas douteux que l'on aura quatre grandes fontaines d'un superbe effet, sans être sujettes à aucun des désagrémens cités à la note 64.

FORME DES SEIZE FONTAINES ORDINAIRES. Si l'eau est commune, ces 16 fontaines seront de la même forme que celles de la ville de Berne, savoir, à quatre tuyaux, tombant dans un bassin de 10 pieds de diamètre ; et comme elles seront placées dans l'enclos de la verdure des quatre coins des églises, elles réuniront à l'agrément de l'embellissement de ces églises, l'avantage de n'être, de même que celles ci-dessus, sujettes à aucun désagrément quelconque.

POLICE. En fixant pour l'abreuvage des animaux le bassin du milieu de chacune des quatre grandes fontaines, et deux fontaines en croix, sur chacune des places des quatre églises (désignées par une marque particulière), il n'est pas douteux qu'il en résulteroit deux grands agrémens à la fois.

MARCHÉS PUBLICS.

Vu la proximité et la grandeur des quatre places du centre, jointes à la facilité d'y pouvoir mettre l'acheteur et le vendeur à couvert, savoir, l'acheteur sous la grande galerie, et le vendeur sur le trottoir ; sous une toile tendue en avant de cette galerie, elles serviront en même temps de places de marché, savoir, en été depuis cinq heures du matin jusqu'à neuf heures, et en hiver depuis sept heures du matin jusqu'à onze (65); et pour faciliter les acheteurs de trouver à l'instant tous les objets

---

(65) Comme une heure après le terme fixé pour la fin de ces marchés, le tout doit être déblayé et balayé, de manière qu'il n'y paroisse plus, cela n'ôtera rien à la beauté ni à la propreté de ces places.

qu'ils désirent, chaque place sera destinée à des objets fixes.

Quant aux objets particuliers, savoir, blé et farine, etc., voyez l'article Halle au blé; et pour les objets de fabrique, comme toiles, draps, lin et chanvre, filés et non filés, etc., l'article Halle du commerce.

GALERIES PUBLIQUES (66).

NOMBRE. Il y aura de trois sortes de galeries publiques; savoir, 1°. une grande de la même largeur que celle du château des Tuileries du côté du jardin, à Paris; 2°. une moyenne de près de 2 pieds plus large que celle du jardin du Palais (ci-devant Royal) de la même ville; 3°. une grande fermée (espèce de salon immense) de 25 pieds de largeur, et environ 900 pieds de tour, dans le goût de celle dite galerie de bois du même jardin; mais toutes les trois infiniment plus belles et plus agréables que celles citées ci-dessus. Voyez le détail ci-après.

Grande galerie.

SITUATION et FORME GÉNÉRALE. Cette galerie, destinée à faire tout le tour de la grande place du centre, en face du Jardin et du Palais national (67), sera, 1°. de 17 pieds de largeur, de dedans en dedans (68); 2°. les arcades de 9 pieds

---

(66) Nul doute que des galeries couvertes comme à Berne, sont très-commodes; mais nul doute aussi que le coup d'œil des rues est infiniment moins gai et moins agréable; que par conséquent elles sont nuisibles à la principale beauté d'une ville : je me suis décidé de n'en faire usage qu'aux endroits les plus essentiellement commodes, et en même temps propres à produire un bel effet; savoir, auprès des principales promenades publiques, vu que, joint à l'agrément de pouvoir s'y mettre à couvert, en cas de surprise de mauvais temps, elles peuvent servir de promenade très-agréable dans les temps de pluie, par la vue de la verdure des promenades qui se trouvent en face.

(67) Par conséquent dans la plus belle et la plus agréable position possible.

(68) Comme celle du château des Tuileries, citée ci-dessus.

(29)

d'ouverture (69), et 19 ½ pieds de hauteur ; 3°. les piliers de support de 4 pieds de largeur, mais que de 2 pieds d'épaisseur (70), non compris l'embellissement du dehors, composé de deux tiers d'une colonne de 3 pieds de diamètre ; 4°. la hauteur de la voûte de 20 pieds (71), et parfaitement unie, comme un plafond d'appartement.

POLICE D'AGRÉMENT. 1°. Pour conserver le passage libre de la totalité de la largeur de cette galerie, il sera très-expressément défendu d'y placer ni entreposer aucun objet quelconque qui dépasse l'alignement du mur ; 2°. pour y jouir de l'air, de la plus grande propreté, ainsi que du plus beau jour possible, il sera non-seulement défendu de placarder ou poser aucun objet quelconque contre les piliers, mais encore ordonné aux propriétaires d'entretenir ces piliers, ainsi que tout l'entre-deux des croisées et le plafond du plus beau blanc possible.

Pour le détail de la beauté et des agrémens particuliers qui en résultent, voyez l'article Promenades publiques (72).

Moyenne galerie.

SITUATION et FORME GÉNÉRALE. Cette galerie, qui fera tout le tour de la ville du côté des remparts (73), sera, 1°. de 12 pieds de largeur de dedans en de-

---

(69) Par conséquent d'un pied plus larges que celle de la galerie citée à la note précédente (qui n'a que 8 pieds de largeur), afin de la rendre plus claire et plus gaie encore.

(70) Vu que ce peu d'épaisseur les rendra encore plus claires et plus gaies que celle ci-dessus, puisque ces derniers ont 4 pieds d'épaisseur, non compris la colonne extérieure.

(71) Vu que les boutiques auront 11 pieds de hauteur (y compris les 4 pouces d'élévation au-dessus du niveau de la galerie), et les entre-sols 7 pieds ; ce qui, joint à l'épaisseur de 18 pouces pour le plafond et le plancher qui se trouvent entre-deux, forme 19 pieds et demi, au moyen de quoi il reste encore 6 pouces pour faire une petite moulure tout autour du plafond.

(72) Et pour la forme d'architecture extérieure de ces maisons à galeries, à l'article *Places publiques*, forme fixe de la façade des quatre grandes places du centre.

(73) Par conséquent dans une position très-agréable, vu qu'elle jouira de la vue d'une très-belle promenade en face. Voyez l'article *Promenades publiques.*

dans (74) ; 2°. les arcades de 7 pieds d'ouverture (75), et de 19 ½ pieds de hauteur ; 3°. les piliers de support de 3 ½ pieds de largeur et de 2 pieds d'épaisseur, non compris l'embellissement du dehors, composé d'un pilastre à rayure de 2 ½ pieds de largeur et 6 pouces de saillie (76) ; 4°. la hauteur de la voûte et la forme du plafond comme celles de la grande galerie citée ci-dessus. *Nota.* Comme ces maisons forment une partie du pourtour des carrés ordinaires, qu'en conséquence on ne peut rien changer à leur largeur fixe (qui est de 100 pieds, et de 9 croisées de face), elle restera telle qu'elle est ; mais quant à la profondeur, vu que l'occupation de 12 pieds de galerie, et le mur d'un pied, rendroient ces boutiques trop peu profondes, on augmentera cette profondeur de 13 pieds. A l'égard de la forme d'artichecture extérieure de ces maisons, elle pourra être variée à l'infini, savoir : 1°. on pourroit faire une terrasse de 12 pieds de largeur au premier étage, en reculant le corps du bâtiment à l'alignement des boutiques ; cet objet, très-agréable pour le premier étage, produiroit en même temps (en bordant cette terrasse d'une belle balustrade en pierres à jour, de 3 pieds de hauteur, et garnissant le dessus de vases, de pots de fleurs et de figures) un superbe effet de l'allée de la promenade qui se trouve en face ; 2°. toutes ces maisons ayant 100 pieds de largeur et 9 croisées de face, on pourroit faire à chaque bout de ces maisons une aile de 2 croisées de face, jusqu'à l'alignement de la rue, reculer les 5 croisées restantes du centre, comme il est dit ci-dessus, pour y avoir une belle terrasse de 12 pieds de largeur, et ensuite donner à ces 5 croisées

(74) Par conséquent de presque 2 pieds plus large que celle du jardin du Palais du Tribunat de Paris, puisque cette dernière n'a que 10 pieds 4 pouces de largeur ; ce qui la rendra non-seulement beaucoup plus agréable, mais encore d'un coup d'œil infiniment plus beau.

(75) Ce qui fait un pied de plus que celles du Palais du Tribunat, citées à la note précédente, puisque ces dernières n'ont que 6 pieds d'ouverture : joint à ce que cela rendra ces galeries infiniment plus claires et plus gaies, ces arcades paroîtront du dehors beaucoup moins étranglées, et plus belles.

(76) Comme celles du jardin du Palais du Tribunat, citées ci-dessus : (ou, on fera tout uniment tout le bas, jusqu'au premier étage, en filets en travers, et que le haut en pilastres, surtout en adoptant la forme d'architecture extérieure citée ci-après).

et le comble, la forme d'un bel hôtel; il en résulteroit encore un très-bel effet de la promenade qui se trouve en face; 3°. l'entre-deux des rues dans tout le pourtour de la ville, étant de 800 et de 1200 pieds, on pourroit aussi donner à chacun de ces entre-deux la forme d'un seul et superbe palais, en avançant jusqu'à l'alignement des rues les deux bouts, le milieu et même le quart, et en augmentant d'un et même de deux étages, ces mêmes parties.

POLICE D'AGRÉMENT. Pour la conservation de la totalité du passage et la beauté du jour, ainsi que l'air de propreté générale, on suivra les mêmes moyens prescrits à l'article Police d'agrément de la grande galerie.

Pour le détail de la beauté et des agrémens qui en résultent, voyez l'article Promenades publiques.

Galerie fermée (Salon).

SITUATION et FORME GÉNÉRALE. Cette galerie, qui sera tout le tour de chacune des 4 salles de récréations publiques (spectacle, etc.), par conséquent de près de 900 pieds de tour (77), sera de 25 pieds de largeur (78), et la voûte de 30 pieds de hauteur (79), de laquelle elle prendra le jour, comme les salles de la banque d'Angleterre, à Londres.

PROFONDEUR. La profondeur du corps de bâtiment de chaque côté de cette galerie, sera de 25 pieds en dedans, afin que chaque boutique puisse avoir l'agrément d'avoir au fond une petite salle, magasin ou dépôt, etc. Il n'y aura

---

(77) Vu que la longueur (traversée d'une rue à l'autre) est d'environ 300 pieds, et la largeur de 150 pieds (savoir, la salle, y compris les murs de chaque côté de 96 pieds de largeur, et la bâtisse adossée de chaque côté de 27 pieds de largeur, y compris le mur de devant).

(78) Par conséquent de 7 pieds plus large que celles des galeries de bois du jardin du ci-devant Palais-Royal, vu que ces dernières n'ont que 18 pieds de largeur (sur quoi il y a encore près de 2 pieds de saillie de marchandises de chaque coté, de sorte qu'il ne reste qu'environ 14 pieds de passage).

(79) Vu 1°. que les boutiques seront de 11 pieds de hauteur (y compris les 4 pouces d'élévation au-dessus du niveau de la galerie); 2°. l'entre-sol de 7 pieds et demi de hauteur; 3°. l'épaisseur du plafond et plancher qui se trouvent entre la boutique et l'entre-sol de 18 pouces; 4°. la corniche (saillante d'un pied) pour recevoir la voûte, de 2 pieds de hauteur; 5°. le cintre de la voûte de 8 pieds de hauteur.

que dans les deux bouts du côté de la rue, que ces bâtisses n'auront que 18 pieds de profondeur en dedans (80).

ENTRÉES DES GALERIES. Pour rendre ces galeries le plus closes possible, et absolument semblables à un salon, il n'y aura que deux seules entrées, savoir, une au milieu de chaque bout, de 9 à 10 pieds de largeur, et disposée de manière que les soirées fraiches, et notamment l'hiver, elles puissent être fermées par des portes battantes semblables aux portes des églises à Paris.

POLICE D'AGRÉMENT. Pour la conservation de la totalité du passage, ainsi que du plus beau jour possible et de l'air de propreté générale, on adoptera les mêmes moyens prescrits à l'article Police d'agrément de la première galerie.

Pour le détail de la beauté et des agrémens qui en résultent, voyez l'article Promenades publiques.

REMPARTS DE LA VILLE.

Hauteur et largeur, forme générale, beautés et agrémens qui en résultent.

HAUTEUR. La hauteur totale des remparts sera de 32 pieds, non compris le parapet de 3 pieds de hauteur du côté de la campagne.

LARGEUR. La largeur générale sera de 157 pieds.

FORME GÉNÉRALE, ET DIVISION DE LA LARGEUR. Tout le long de la grande rue du pourtour de la ville, il y aura, à 6 pouces au-dessus du niveau du trottoir, 1°. à 10 pieds de distance de la balustrade du trottoir, (qui sera en petits carreaux de 3 pieds de hauteur, et peints

---

(80) Vu que cette profondeur ne sera qu'une seule pièce (et principalement destinée pour des cafés), en tirant le jour de deux côtés (de la rue en même temps), le jour y sera infiniment plus beau, et par la même raison, l'effet des deux bouts de ces galeries d'un coup d'œil beaucoup plus clair, plus gai et plus beau.

en

en vert) (81) une superbe allée d'arbres de 40 pieds de largeur (82) ; 2°. à 10 pieds de distance de cette allée d'arbres,
un très-beau talus de verdure perpétuelle de $31\frac{1}{2}$ pieds de
hauteur sur 63 pieds de largeur, semblable à celui de la
butte au-dessous du labyrinthe du Jardin des Plantes à Paris
(83) ; 3°. sur la hauteur, à 8 pieds de distance du talus, et
également à 8 pieds de distance du parapet du mur de la
ville (84), un grand berceau, c'est-à-dire, une allée de char-
mille ou de tilleul de 15 pieds de largeur et de 25 pieds
de hauteur, coupé en forme de berceau en-dessous, et parfaitement uni par-dessus, d'où on jouira d'une vue magnifique sur toute la campagne. Voyez l'article Promenades publiques.

LES QUATRE CARRÉS DES QUATRE COINS
de la ville auront 100 pieds en tout sens, et contiendront
chacun 25 arbres (dont l'espèce sera variée sur chaque coin)
plantés en quinconce ; ce qui formera un très-bel ombrage,
et terminera en même temps, d'une manière frappante et très-
agréable, la longueur et la largeur totale de la ville.

---

(81) Ce qui, en annonçant une promenade publique, formera déjà une
perspective très-agréable.

(82) Comme rien n'est censé plus beau et plus agréable pour une
promenade (ni plus majestueux pour le coup d'œil), qu'une allée d'une
belle largeur (de 40 pieds), la promenade de cette allée sera d'autant plus
belle et plus agréable, qu'elle se trouvera placée entre un superbe talus
de verdure d'un côté, et une très-belle rue et galerie de l'autre ; ce qui, en
la rendant beaucoup plus gaie et plus variée, la rend infiniment plus
agréable encore.

(83) Puisqu'il y serpentera également du haut en bas des allées de 5
à 6 pieds de largeur, et que l'entre-deux sera pareillement parsemé de petits ifs et autres arbrisseaux toujours verts, et que de plus sur la hauteur on y jouira de même d'une vue très-étendue sur la ville et sur la
campagne. *Nota.* En hiver (après la chute des feuilles des arbres de la
grande allée), ce talus se trouvant totalement découvert, et toujours
vert, procurera encore l'agrément délicieux à ceux qui se promènent dans
la galerie du pourtour de la ville et sur les boulevards, de jouir en tout
temps de la vue d'une superbe verdure, par conséquent de l'apparence d'un
printemps perpétuel.

(84) Qui aura 3 pieds de hauteur et 2 pieds d'épaisseur.

C

MUR DE LA VILLE.

Hauteur et forme extérieure.

HAUTEUR. Ce mur, qui fera la clôture extérieure des remparts, par conséquent de toute la ville, sera de 35 pieds de hauteur, y compris le parapet.

PARAPET. Le parapet sera de 3 pieds de hauteur et de 2 pieds d'épaisseur, couvert d'une pierre plate de 6 pouces d'épaisseur, excédant de 2 pouces la largeur intérieure, et de 3 pouces la largeur extérieure du mur où il se trouve placé (85).

FORME EXTÉRIEURE. Pour que ce mur produise un bel effet de loin, 1°. tout le bas jusqu'à 15 pieds de hauteur (où il y aura une saillie de 5 pouces et de 4 pouces d'épaisseur en pierre de taille), sera en treillage, peint et entretenu d'un beau vert, et les trois pieds restant jusqu'au cordon cité ci-après, entretenu d'un beau blanc; 2°. à 18 pieds de terre et à 30 pieds de terre, il y aura un cordon de pierre de taille, d'un pied d'épaisseur et de 6 pouces de saillie, taillé en rond, peint en gris ou en jaune, et dont tout l'entre-deux sera entretenu d'un beau blanc, ainsi que les 4 pieds au-dessus du second cordon; ce qui produira, avec les embellissemens au-dessus des portes de la ville, et la verdure des arbres sur les remparts, joint à la grande masse d'arbres et de verdure (carré en quinconce) qui se trouvent à chaque bout de la ville, une vue d'autant plus belle et magnifique (à ceux qui se promènent au dehors de la ville, ainsi qu'aux étrangers qui s'approchent de cette ville), que son étendue se prolonge presque à perte de vue.

---

(85). A l'endroit des portes de la ville, le mur de ce parapet sera exhaussé de 6, et même de 10 pieds au centre (comme celui de la porte de la place du Peuple à Nancy), non compris les ornemens du comble (voyez l'article *Portes de la ville*), afin de rendre ces deux objets très-distincts, et du plus bel effet possible.

PORTES DE LA VILLE.

Forme d'architecture.

Comme la porte neuve de Nancy (dite de Metz) est d'un superbe effet, toutes celles-ci seront faites dans le même goût, et beaucoup plus belles encore, vu qu'elles auront plus d'un tiers de plus de largeur (70 pieds au lieu de 50), et plus de 10 pieds de plus de hauteur ; ce qui par conséquent leur donnera une apparence infiniment plus riche, et plus majestueuse encore.

DÉTAIL DE LEUR FORME D'ARCHITECTURE. Le portique du centre (pour les rouliers) sera de 12 pieds de largeur et de 28 pieds de hauteur (86) ; 2°. les deux moyennes portes de côté (pour les cavaliers, carrosses et cabriolets) de 8 pieds de largeur et de 15 pieds de hauteur (87) ; 3°. le passage pour les gens de pied, de 9 pieds de largeur (comme faisant suite des trottoirs, et qui par conséquent doit être absolument libre sous toute la profondeur de la porte) ; quant à la hauteur, elle sera de 28 pieds sous œuvre, et le mur de dessus faisant suite du parapet du mur de la ville, exhaussé de 6 pieds de plus (88) ; 4°. chacune des quatre masses (montant) entre les cinq passages cités ci-dessus, sera de 7 pieds de largeur ; 5°. le mur du parapet au-dessus des trois portiques du centre, de 10 pieds plus haut que celui du parapet (4 pieds plus élevé encore que celui au-dessus des trottoirs) (89) ; 6°. les ornemens au-dessus du portique du centre élevés encore de 2 pieds

---

(86) Celui de la Porte neuve citée ci-dessus, n'a que 10 pieds de largeur, et environ 24 pieds de hauteur.

—(87) Celles de la même porte citée ci-dessus, n'ont que 5 pieds de largeur, et environ 10 pieds de hauteur.

(88) Pour la raison d'agrément citée à la note 85.

(89) Ce qui produit ensemble une hauteur de 45 pieds, non compris les ornemens du comble, qui forment encore une élévation de plus de 10 pieds de hauteur ; ce qui par conséquent fait plus de 10 pieds de hauteur de plus que celle de la plus belle porte de Nancy, vu que cette dernière n'a qu'environ 45 pieds de hauteur, y compris tous ses ornemens.

de plus, vu qu'ils seront placés sur une marche (espèce de piédestal) de 2 pieds de hauteur sur 25 à 30 pieds de face, et ceux au-dessus des trottoirs, sur une pareille marche de 15 pouces de hauteur sur 6 pieds de face.

BUREAUX ET CORPS-DE-GARDE

Des portes de la ville.

EMPLACEMENT ET FORME D'ARCHITECTURE. Comme les portes de la ville auront 28 pieds de hauteur sous œuvre, il y aura à la suite, et même alignement des trottoirs, sous la porte et dans toute son épaisseur et profondeur, qui est de 31 pieds (savoir, de la même profondeur et largeur de la petite allée couverte sur les remparts, et des 8 pieds de plain-pied de chaque côté) (90), un corps de bâtiment de 22 pieds de profondeur dans l'épaisseur du rempart, divisé, 1°. en un plain-pied de 12 pieds de hauteur, y compris les 4 pouces d'élévation au-dessus du niveau des trottoirs ; 2°. un premier étage de 10 pieds de hauteur (91). *Nota.* En plaçant une porte d'entrée de 4 pieds de largeur au milieu de ce corps de bâtiment de 31 pieds de face, il restera de chaque côté de la porte, déduction faite des 6 pouces d'épaisseur des cloisons nécessaires de chaque côté, encore 13 pieds de largeur, par conséquent assez de place pour y faire deux belles croisées de 5 pieds de

---

(90) Non compris l'épaisseur du mur extérieur, vu que les quatre pieds d'épaisseur nécessaire pour faire le frontispice de ces portes, seront pris, 1°. du coté de la ville, entièrement en dehors de cette ligne fixe ; 2°. du côté de la campagne, moitié dans l'épaisseur du mur de la ville, et l'autre moitié en dehors de ce mur, d'autant plus que cette saillie de 2 pieds du côté de la campagne donnera à ces portes un plus bel effet encore.

(91) Au moyen de quoi on pourra faire sur le devant de chacune de ces deux parties une très-belle salle de 12 pieds de profondeur, et sur le derrière une de 10 pieds de profondeur, pour servir de magasin, dépôt ou cuisine, etc., séparée de la première par un barrelage à jour ou une cloison vitrée.

largeur chacune, vu qu'il restera encore un trumeau de 2 pieds au milieu (92), et 6 pouces de mur à chaque bout.

USAGE. Comme chaque côté de la porte se trouve avoir quatre grandes pièces de 13 pieds de largeur sur 22 pieds de profondeur, qui peuvent se couper en deux dans la profondeur, et former huit pièces, un de ces côtés sera plus que suffisant pour contenir le bureau d'entrée et tous les commis (93), et l'autre toute la garde militaire nécessaire pour le service de cette porte (94).

JARDIN EXTÉRIEUR,

ET ROUTE DU POURTOUR DE LA VILLE.

Largeur et forme, etc. (95).

JARDIN, LARGEUR ET FORME, etc. Ce jardin (96) aura 100 pieds de profondeur, vu qu'au moyen de cette largeur il ne fera qu'un seul et même alignement avec les quatre bastions

---

(92) Ce qui est suffisant pour la solidité de cette partie, et n'empêchera point d'y pouvoir jouir d'un jour très-agréable.

(93) A propos de commis de barrières, il me semble que leur aspect seroit moins désagréable et plus respectable, s'ils avoient un costume fixe, savoir, frac et pantalon gris-de-fer, avec un collet de velours noir, et un gilet rouge ou blanc, à carreaux rouges.

(94) Il me semble aussi que si on mettoit (de jour seulement) quatre factionnaires à chaque porte, savoir, du côté de la ville, un de chaque côté, entre le passage des trottoirs et de la moyenne porte, et du côté de la campagne *idem*, il en résulteroit pour les habitans de la ville un effet plus agréable, et pour les étrangers un point de vue plus imposant, par conséquent plus respectable pour la ville.

(95) En adoptant ce qui suit et ce qui est prescrit à l'article *Faubourgs et Maisons de campagne*, on aura l'agrément de rendre, par un dégagement général, la sortie de toutes les portes de la ville d'une gaîté unique, et aux personnes du dehors, l'aspect découvert et magnifique de tout le mur de la ville.

(96) Qui restera en pleine propriété à la ville, comme domaine et revenu particulier, par conséquent loué à son profit; à condition qu'elle entretiendra le tout dans le même et le meilleur état possible.

(carrés saillans des quatre coins de la ville); et pour ne point borner la vue du bel espalier et mur de la ville, il ne pourra y avoir ni maisons, ni murs, ni même d'arbres à haute tige (97), et il ne pourra être fermé que par un barrelage à jour de 4 pieds de hauteur.

ROUTE DU POURTOUR DE LA VILLE. Pour l'agrément de la communication générale des environs de la ville, il y aura une grande route tout autour de la ville (le long du jardin cité ci-dessus), de 70 pieds de largeur, avec une espèce de trottoir de 10 pieds de largeur de chaque côté, séparé de la chaussée (passage des voitures) d'un fossé de 3 pieds de largeur et de 2 pieds de profondeur en talus, mais sans arbres, pour ne point borner, 1°. la vue de la campagne à ceux qui se promènent sur les remparts; 2°. la vue du mur et des portes de la ville à ceux du dehors, dont l'effet d'une beauté unique a été décrit à la fin de l'article *Mur de la ville*, page 34.

FAUBOURGS ET MAISONS DE CAMPAGNE, etc.

Moyens d'empêcher l'agrandissement et la population de cette ville.

Pour éviter ce qui est arrivé à la ville de Paris, qui n'étoit d'abord composée que de la cité, et s'est insensiblement accrue par la jonction des faubourgs qui se formoient à mesure, à l'immense étendue et population dont elle est aujourd'hui, il sera très-expressément défendu de bâtir aucune nouvelle maison à une lieue à la ronde de cette ville, sans la permission des chefs du Gouvernement, à moins que ce ne soit à 300 toises de la ville, et à une distance également de 300 toises les unes des autres. Ce moyen, qui empêchera d'une manière certaine son agrandissement, procurera en

---

(97) Ce qui ne l'empêchera pas de pouvoir produire une grande quantité de fruits de toutes espèces, vu qu'indépendamment du grand et superbe espalier contre le mur de la ville (dont tout le bas sera en arbres fruitiers de toutes espèces, et le haut du treillage en vignes), il pourra y avoir un grand nombre de contre-espaliers en allées et carreaux de 3 pieds de hauteur, qui y produiront en même temps un très-bel effet.

même temps l'agrément (vu qu'il n'est pas douteux que l'on profitera de cette permission) d'un parsemé de fermes et de maisons de campagne dans toute cette étendue (une lieue à la ronde de la ville), dont l'effet, semblable à un jardin anglais (et environs de Berne en Suisse), sera d'une grande beauté.

PROMENADES PUBLIQUES.

Nombre et beauté (98).

INDÉPENDAMMENT de ce que presque toute la ville, savoir, toutes les grandes et moyennes rues (99), ainsi que les douze grandes places publiques situées dans les douze carrés du pourtour de la ville (100), sont autant de promenades très-agréables, il y en aura cinq autres, toutes d'un agrément particulier et presque extraordinaire, savoir :

1°. Celle du grand et magnifique jardin du Gouvernement, dont la beauté et la variété infinie (101), jointes à la situation avantageuse que lui procure un grand nombre de points de vue d'une beauté unique (102), surpasseront en agrémens (par ce double avantage) toutes les promenades et jardins publics les plus célèbres de toute l'Europe (103).

---

(98) Comme le premier et le principal agrément d'une promenade est censé la proximité, et que, par conséquent, la plus belle promenade du monde, si elle se trouve à une trop grande distance, perd tout son mérite par la difficulté et le temps nécessaire pour s'y rendre, j'ai la satisfaction d'observer ici que, quoiqu'elles seront en grand nombre, on aura l'agrément de n'être qu'à deux pas de toutes.

(99) Vu leurs belles longueur et largeur, jointes à la beauté et largeur des trottoirs.

(100) Par leurs belles forme et grandeur.

(101) Voyez l'article *Jardins*, page 22.

(102) Voyez l'article *Terrasse*, à la même page 22.

(103) Comme le trottoir qui fait tout le tour de ce jardin, se trouve à une distance égale et d'une belle proportion (de 400 pieds) du palais du Gouvernement et du corps de bâtiment des quatre grandes places du centre, il formera encore une promenade d'une beauté unique pour les amateurs de belles vues.

2°. Celle des remparts de la ville, dont la beauté et les agrémens surpassent tout ce qui porte ce nom, puisque, 1°. indépendamment de la grande et magnifique allée qui se trouve en bas, et très-agréablement située (sur le bord des boulevards, et en face de la superbe galerie du pourtour), il y aura une très-jolie allée sur la hauteur, d'où on découvrira toute la campagne, et dont la vue sera d'autant plus ravissante, qu'au moyen de la défense faite de faire ni faubourg, ni nouveaux villages à une lieue à la ronde, et d'un autre côté, la permission accordée de faire des maisons éparses dans ce même espace (mais qu'à 300 toises de la ville, et qu'à 200 toises de distance les unes des autres), il n'est pas douteux que par la suite, tout le pourtour de la ville (une lieue à la ronde) formera par ces groupes de maisons et de vergers détachés, l'aspect d'un grand et magnifique jardin anglais, par conséquent la plus belle et la plus agréable perspective que l'on puisse désirer; 2°. que des quatre bastions (terrasse et saillie de 100 pieds carrés à chaque coin des remparts), couverts d'arbres en quinconce, par conséquent d'un très-bel ombrage, on aura encore l'agrément de jouir de la vue de tout le mur extérieur de la ville, dont l'effet sera d'une grande beauté.

3°. Celle de la superbe galerie qui fait tout le tour de la ville (104), et se trouve de plus dans une position charmante, savoir, 1°. en face des remparts, qui, par leur verdure continuelle (en hiver comme en été) (105), produiront en tout temps l'agrément d'une perspective délicieuse; 2°. à côté des boulevards (promenade très-agréable pour les personnes en voiture ou à cheval), dont le passage continuel rendra la promenade de cette galerie infiniment plus gaie et plus agréable encore.

4°. De la grande et superbe galerie qui fait le tour des

---

(104) De 12 pieds de largeur avec des arcades de 7 pieds d'ouverture, par conséquent beaucoup plus large, et d'un coup d'œil infiniment plus gai et plus agréable que celle du ci-devant Palais-Royal de Paris, puisque cette dernière n'a que 10 pieds 4 pouces de largeur, et les arcades que 6 pieds d'ouverture.

(105) Savoir, en été, par la vue d'une superbe allée d'arbres qui se trouve en face, et en hiver, par le talus de verdure qui se trouve derrière cette allée d'arbres.

quatre grandes places du centre (106), et se trouve de plus placée dans une des plus belles positions possibles, puisqu'elle sera en face du superbe palais du Gouvernement, dont la perspective, depuis cette galerie, sera d'autant plus belle et au-dessus de toute expression, qu'étant placé sur une éminence de 25 pieds de hauteur, et un jardin en talus de 400 pieds de largeur sur toute sa longueur, et de plus varié sur chacune de ces quatre faces (tant pour la forme de l'architecture du palais, que pour la forme et la distribution du jardin, etc.), on y jouira, sans contredit, de la plus belle et de la plus riche perspective qui ait jamais existé.

5°. Des quatre grandes et superbes galeries fermées (espèce de salons magnifiques, destinés pour la promenade du soir et les temps froids, etc.), dans le genre de la galerie de bois du palais du Tribunat, mais infiniment plus belles (107), et de plus, placées à la proximité de tous les habitans, par conséquent du plus grand agrément possible pour toute la ville.

6°. Des boulevards (espace de 100 pieds de largeur), destinés pour la promenade des personnes en voiture ou à cheval, comme ceux de Paris, mais infiniment plus beaux et plus agréables sous tous les rapports, vu, 1°. qu'ils se trouvent placés dans une position beaucoup plus belle, savoir, entre la belle promenade des remparts, et la superbe galerie du pourtour de la ville (108); 2°. également propres et praticables dans tous les temps et dans toutes les saisons, vu qu'entre la chaussée du centre (qui sera pavée, et de la même forme et largeur que celle des grandes rues), et le

---

(106) De 17 pieds de largeur, avec des arcades de 9 pieds d'ouverture, par conséquent infiniment plus belle encore que celle citée ci-dessus.

(107) Vu qu'elles auront 25 pieds de largeur (par conséquent 9 pieds de plus de largeur que celle citée ci-dessus, puisque cette dernière n'a que 16 pieds de largeur), 30 pieds de hauteur (pour avoir un joli logement au-dessus des boutiques), et près de 900 pieds de tour, vu qu'elles feront le tour des quatre grandes salles de récréation publique (spectacle, etc.), et auront de plus l'avantage de jouir d'un bien plus beau jour, etc. Voyez l'article *Galerie fermée*, page 31.

(108) Dont la forme des maisons sera encore d'une grande beauté (la plupart en forme de palais et hôtels superbes) (Voyez l'article *Moyenne galerie*, page 29), par conséquent d'une perspective magnifique.

revers des trottoirs (également pavé, et de la même forme
et largeur que ceux des grandes rues), il y aura de chaque
côté une petite chaussée en cailloutage (109), de 15 pieds
de largeur, avec un ruisseau de chaque côté.

D'après le nombre, la variété et la beauté, joints à la proximité de toutes les promenades citées ci-dessus, on ne peut
pas disconvenir que, par cet avantage seul, chacune de ces
villes formeroit un vrai paradis terrestre : pourquoi donc con-
tinuer de croupir dans la plupart de ces masses de pierres in-
formes, lorsqu'il ne tient qu'à nous de nous procurer la plus
agréable existence possible ?

POLICE D'AGRÉMENT.

Pour rendre finalement les grandes et moyennes rues de la
dernière beauté possible,

1°. Tous les arts et métiers à bruit, ou d'une odeur ou
aspect désagréable, seront relégués dans les petites rues (110),
qui, par leur situation, se trouvent, pour ainsi dire, invisibles.
Voyez le plan de ville ci-joint.

2°. Comme rien n'est encore plus gai, et n'embellit plus les
rues qu'une suite non interrompue de belles boutiques, non-
seulement toutes les écuries et remises seront reléguées dans
les cours des petites rues (111), mais encore toutes les études

---

(109) Semblable aux routes et promenades des environs de Berne, qui, à
moins d'un temps absolument extraordinaire, sont toujours également
belles et agréables toute l'année, tandis que les boule vards cités ci-dessus
se trouvent, les deux tiers de l'année, impraticables, non-seulement faute de
pente suffisante pour l'écoulement des eaux, mais encore par leur composé de terre et de sable, qui, à la moindre pluie, forme une boue très-
profonde et très-désagréable.

(110) Savoir, les maréchaux, serruriers, taillandiers, clontiers, éperon-
niers, armuriers, chaudronniers, ferblantiers, charrons, menuisiers et ton-
neliers, ainsi que les tisserands et bonnetiers, et de plus les bouchers,
boulangers, tanneurs et chamoiseurs, etc.

(111) D'où il résultera encore l'agrément de ne point être exposé dans
les grandes rues, comme à Paris, de se trouver à chaque instant, et au
moment que l'on s'y attend le moins, sous une voiture, ou un cheval sor-
tant d'une porte cochère, remise ou écurie.

(43)

des notaires et des avocats seront fixées sur les quatre places
des quatre églises; ce qui, en rendant ces places plus ren-
tières et plus agréables encore, ne le sera pas moins pour ces
deux états.

3°. Pour avoir l'agrément de ne jamais voir ces mêmes
grandes et moyennes rues engorgées ni embarrassées de voitures, aucune voiture ne pourra s'y arrêter que sur le revers
des trottoirs, et avec une roue dans le ruisseau.

4°. Pour éviter dans les rues l'effet désagréable de la vue
d'un tas d'échoppes et de vendeurs ambulans, qui de plus en-
gorgent presque tous les passages, et vous étourdissent par
leurs cris continuels, il sera très-expressément défendu de ne
rien vendre dans les rues, d'autant plus qu'on trouvera également, et au même prix, dans les boutiques, par le grand
nombre de marchands en tout genre, par conséquent la grande
concurrence et le désir de vendre, tous les objets que l'on
peut désirer (112).

5°. Pour éviter aussi le désagrément de voir dans les rues
ce nombre infini de mendians que l'on y rencontre à chaque
pas, et dont peut-être plus d'un tiers ne sont que des fainéans, ou au moins pas tellement infirmes qu'ils ne pour-
roient gagner leur vie d'une manière quelconque, et un autre
tiers dans la misère que par leur faute (ivrognerie ou d'autres
défauts), la mendicité dans les rues sera absolument défendue, bien entendu que l'Etat, 1°. procurera aux malheureux par accident en état de travailler, quelques dons fixes
et moyens de pouvoir gagner leur vie; 2°. à ceux qui se trouvent incapables d'aucun travail quelconque, une retraite aussi
douce et aussi agréable qu'il soit possible. Quant aux autres
qui ne sont malheureux que par leur faute (inconduite ou fainéantise, etc.), non-seulement on n'aura pas les mêmes atten-
tions pour eux, mais on forcera même au travail tous ceux qui
sont en état de travailler (113).

---

(112) C'est d'ailleurs une justice due à un grand nombre de pères de fa-
mille, qui paient de fortes patentes et de forts loyers, d'empêcher que
chaque jour, et presqu'à chaque instant, il se trouve à leurs portes des
crieurs et vendeurs des mêmes objets; ce qui non-seulement les prive de
leur existence, mais oblige encore un grand nombre d'entre eux de faire
faillite.

(113) Il est temps de mettre un frein à cette vermine rongeante des

6°. Vu la puanteur, la malpropreté, et même l'indécence qui résultent des ordures qui se font dans les rues, les allées et les places publiques, et, d'un autre côté, vu la proximité des cours du passage aux écuries et remises des hôtels des particuliers, derrière les grandes places, où on peut établir tout ce qui est nécessaire pour éviter ce désagrément, il sera très-expressément défendu (sous peine d'une amende fixe) de faire aucune ordure aux endroits cités ci-dessus.

MOYENS

D'établir et de bâtir cette ville sans qu'il en coûte rien à l'Etat, quoique dirigés et entrepris aux frais du Gouvernement.

Deux moyens fort simples et très-aisés suffisent pour parvenir à ce but, savoir : 1°. le moyen d'avoir les fonds nécessaires, cités à l'article ci-après ; 2°. l'achat sur-le-champ de toutes les terres et maisons nécessaires, non-seulement pour l'emplacement de cette ville, mais encore à une forte lieue à la ronde (114), vu que, quoique bien payées (d'une manière très-avantageuse pour les propriétaires) (115), l'Etat y

---

Etats, qui encombre les hôpitaux, et répond froidement à ceux qui veulent leur faire des remontrances sur leur peu d'économie et de prévoyance pour le lendemain, que les hôpitaux ne sont point faits pour les chiens ; d'autant plus que ces êtres absolument sans cœur, sans honneur, et entièrement à la charge de l'Etat, mériteroient plutôt une punition très-sévère, que des bienfaits (sommes arrachées à la sueur des hommes actifs et économes) pour soutenir leur paresse et leurs défauts.

(114) Par conséquent 5o mille pieds en carré ; vu que la ville seule, placée au centre, en occupe environ 10 mille pieds carrés, il ne reste plus que 2,000 pieds (3,o33 toises) jusqu'à l'extrémité.

(115) Au prix du dernier contrat de vente, et leur tenant de plus compte, non-seulement de toutes les améliorations faites depuis, mais encore de dix pour cent de bénéfice, joint à cela l'avantage, lorsque leurs terres seront vendues à l'enchère (bien entendu celles dont l'Etat n'a pas besoin), d'avoir au même prix la préférence sur tous les autres acquéreurs. Quant au paiement et au moment de la prise de possession, ou vente desdites terres, voyez ci-après l'article Montant de la recette-générale.

fera encore un bénéfice assez considérable pour pouvoir payer et balancer la dépense de tous les édifices publics, et frais particuliers qui sont à sa charge (116).

MOYENS

D'avoir les fonds nécessaires pour exécuter ce Plan.

Comme les billets de banque, lorsqu'ils jouissent de la confiance publique, c'est-à-dire, ont été établis sur une base de sûreté équivalente au numéraire (117), produisent la même ressource et le même avantage que l'argent monnoyé, il en sera créé à fur et mesure la quantité nécessaire dans la forme du modèle ci-après :

---

(116) Puisque la totalité de cette dépense ne monte qu'à 87 millions, tandis que le bénéfice de la revente de toutes ces terres se monte à plus de 90 millions. Voyez l'article Montant de la recette générale.

(117) Savoir, pour l'acquisition de biens-fonds, dont la valeur est au moins égale à leur montant, et que de plus, sous peu, ces mêmes biens-fonds ne seront revendus et payés qu'avec ces mêmes billets ; au moyen de quoi ils redeviennent invisibles, et s'éteignent d'eux-mêmes, après avoir rendu de grands services, sans faire de tort à qui que ce soit.

MODÈLE DES BILLETS DE BANQUE.

No. 1640.   B O N P O U R 100 liv.   Mois de
1er. Echange. ———————————————— au

Billet de Banque nationale.

GARANTIE ET SURETÉ DÉ LEUR VALEUR. Comme la chute et non-valeur de presque tous les papiers publics proviennent toujours du défaut d'une garantie suffisante (égale à leur montant), ou d'une émission trop considérable, soit volontaire (par la facilité de pouvoir en faire un usage immodéré et sans bornes), soit accidentelle (par la facilité de pouvoir les contrefaire), ce qui finit par les rendre également nuls, il n'est pas douteux que les billets de banque dont il est ici question, méritent la plus grande confiance, puisqu'ils ne seront dans aucun des trois cas cités ci-dessus, vu, 1°. que leur emploi servira à faire des acquisitions de biens-fonds dont la valeur sera supérieure à leur montant; 2°. que leur émission sera disposée et réglée de manière qu'il n'y aura toujours qu'un très-petit nombre en circulation (et de plus, que pour un temps fixe et de peu de durée); 3°. que leur contrefaçon sera impossible.

Signé par trois Administrateurs.

Donné le 22......an...... à LOUIS-ANTOINE BOREL, *Architecte.*

Signé par le { Caissier général, J. M. LOMBARD.
{ Receveur du Billet...... L. BOREL.

Nota. Les personnes qui ne savent pas écrire, auront la liberté de faire mettre leur nom par un ami, ou une personne connue, pourvu qu'ils fassent ajouter à la suite de leur nom, celui du signataire : ce petit désagrément sera amplement balancé par l'avantage, 1°. de la légèreté et la facilité du transport; 2°. l'impossibilité du vol, vu que le voleur n'en pourroit faire aucun usage, chacun sachant à qui il les donne, et de qui il les tient.

Modèle du dos de ces Billets.

Mois..	1	donné à	P. L. Lefebvre, *M^e. Maçon.* à
------	14	donné à	Phil. Desbordes, *Serrurier*.. à
------	5	donné à	Pour George Dubuisson.... à
------	22	donné à	Louis Lagrange........... à
------	30	donné à	.... à

Détail particulier de ces Billets de Banque.

1°. Il y en aura de six sortes de valeur, savoir: de 1,000 liv., de 500 liv., de 100 liv., de 50 liv., de 25 liv., et de 10 liv.; chaque sorte sera numérotée en commençant par le n°. 1 (118); 2°. tous ces billets seront d'un papier fait exprès, et très-difficile à contrefaire, joint à cela, collé suffisamment, pour que les signatures du dos ne soient point dans le cas de brouiller le corps du billet; 3°. tous seront timbrés et ornés de vignettes, également très-difficiles à contrefaire, et de plus la vignette et le timbre de chacune des six sortes de billets d'une forme différente (très-frappante); 4°. comme c'est au dos de ces billets que se mettra la signature des donataires, et que chaque billet doit contenir trente signatures, ce dos sera réglé conformément au modèle ci-dessus; et pour plus de propreté, et en même temps de facilité pour le signataire, l'endroit de la signature sera marqué d'un filet très-fin; 5°. lorsqu'un billet sera rempli de signatures, il sera porté dans un bureau particulier de la trésorerie nationale, qui en donnera un nouveau sous le même numéro; mais indépendamment de ce que la vignette de chaque genre et de chaque changement sera différent, il sera ajouté sous le numéro du billet, pre-

---

(118) Par ce moyen, l'administration générale pourra savoir à chaque instant, par le dernier numéro sorti de chaque espèce, le nombre total de tous les billets sortis; par conséquent le montant général de tous les billets en circulation.

mier, second ou troisième échange, etc. (119). *Nota*. Le bureau chargé de l'échange de ces billets, comme responsable de toute erreur ou double emploi, gardera très-soigneusement (pour sa justification) tous ces billets remplis de signatures, afin de pouvoir les représenter à l'administration générale, chaque fois qu'elle le jugera à propos.

Administration.

Quoique par les arrangemens prescrits pour l'ordre général de l'établissement de cette banque, il soit impossible d'y faire aucun double emploi, ni de commettre aucune infidélité, je désirerois néanmoins, pour la satisfaction du public, que cette administration ne fût confiée qu'aux hommes les plus dignes de sa confiance, savoir, aux vingt-sept propriétaires les plus riches (payant les plus fortes impositions) de toute la province ou département (120).

Bureau de Change.

Pour l'agrément du public, il y aura un bureau de change, de l'argent contre des billets, et des billets contre de l'argent, aux taux fixés ci-après, savoir: de $2\frac{1}{2}$ pour cent pour l'échange en numéraire (121), et 2 pour cent pour l'échange inverse (122).

---

(119) Cet échange ne coûtera par billet de 10 liv. que 2 s., pour ceux de 25 liv. que 4 s., pour ceux de 50 liv. que 6 s., pour ceux de 100 liv. que 10 s., pour ceux de 500 liv. que 25 s., et pour ceux de 1,000 liv. que 50 s. Cette petite rétribution, presque imperceptible, ne laissera pas que de produire une somme suffisante pour payer les frais de cet échange.

(120) Non pas par la raison que, je crois les hommes riches plus naturellement vertueux que les hommes pauvres, mais parce que le besoin ou le désir de devenir riche sont deux terribles épreuves, où les trois quarts de ces derniers succombent ; ce qui les rend par conséquent, dans toutes les parties de finances majeures, infiniment plus dangereux que les premiers, et par cette raison moins dignes de la confiance générale.

(121) Ce qui est censé une bagatelle, vu surtout que ce change sera très-rare, puisque, excepté les objets de très-peu de valeur, le tout pourra se payer en billets, et qu'en conséquence il ne faudra que très-peu d'argent.

(122) Des billets contre de l'argent.

Nota.

Nota. Comme le taux des deux pour cent de ce dernier change ne laissera pas que d'être très-avantageux pour ceux qui ont de fortes sommes à payer, et peu ou point de papier, il seroit très-possible que ce change, quoique encore plus rare que le premier, fournisse plus de numéraire qu'il n'en faut pour faire ce dernier échange, vu qu'il se fera sensément en bien plus forte partie que le premier.

Moyens de n'avoir qu'un très-petit nombre de billets en circulation.

Comme la dépense générale à la charge de l'Etat ne montera qu'à 87 millions (123), et que le bénéfice de la revente des terres montera au moins à la même somme (124), et que d'un autre côté on ne commencera la bâtisse que par des objets à vendre (tel qu'il est prescrit à l'article Division de la bâtisse), et en fera faire la vente de suite aussitôt finie, il n'est pas douteux que cette vente, qui sera très-recherchée, et faite au fur et à mesure, vu, 1°. le bas prix de leur estimation (125); 2°. la certitude d'en tirer sur-le-champ un loyer

---

(123) Voyez ci-après, l'article Montant général de la dépense.

(124) Voyez ci-après, l'article Montant de la recette générale.

(125) N'étant mise à l'enchère, 1°. pour le prix du terrain, qu'au prix très-modique fixé à l'article Montant de la recette générale; 2°. pour le prix de la bâtisse, qu'au prix coûtant à l'Etat, qui sera beaucoup plus bas que si les particuliers les eussent fait bâtir eux-mêmes, vu qu'elles seront faites en gros, c'est-à-dire, à l'entreprise, par une ou plusieurs sociétés d'architectes, au rabais (que l'Etat favorisera encore pour l'achat de carrières et forêts tout entières, etc.), et que ce moyen est sensément le plus économique de tous, puisque peu d'années avant la révolution française, tous les architectes de Paris, qui travailloient pour leur compte, faisoient des fortunes brillantes en très-peu de temps; tandis qu'à cette même époque, les particuliers qui faisoient également travailler pour leur compte, se ruinoient tous. Il est donc constant que les maisons de cette nouvelle ville coûteront infiniment moins de bâtisse aux acquéreurs, par cette raison seule, que celles faites au compte des particuliers; ce qui, joint à une différence de prix du terrain de plus de moitié au-dessous de celui du faubourg St.-Denis, citée dans la note 134, rend la totalité du prix de ces maisons plus de moitié moins chère que celles à l'entrée dudit faubourg. *Nota.* Cette différence est bien plus frappante encore pour les maisons dans le centre de Paris, dont le prix doit être exorbitant, puisqu'une maison (prise au hasard) sur le quai de

(50)

très-avantageux (126) ; 3°. la facilité accordée aux acquéreurs pour les payer (127), fera que la recette suivra de près la dépense, et que par conséquent il n'y aura que très-peu de ces billets en circulation. Quant au paiement de l'achat des terres, cet objet ne demande, pour ainsi dire, aucun fonds d'avance, puisque l'Etat ne les payera qu'au moment qu'il en prendra possession, c'est-à-dire, qu'au moment qu'il en a besoin, ou qu'il veut les mettre en vente ; et comme il ne lui en faut que très-peu (128), et que celles qui seront vendues, seront payées moitié comptant, et sur l'enchère du double du prix de leur achat (129), il recevra ces billets d'une main et les donnera de l'autre ; et qu'il est même possible que le plus grand nombre de ces terres se payeront par l'Etat, sans billets, vu que tous les propriétaires jouiront de l'avantage de la préférence, lorsqu'ils offriront le même prix, et qu'en conséquence elles se trouveront payées sans avoir besoin de billets.

---

l'Ecole (n°. 14), qui n'a que six petites croisées de face (en tout que 48 pieds de largeur), se louoit, un an avant la révolution, 16 mille livres par an, et que dans ce moment-ci (an 1803), dans le bout de la rue Montmartre (n°. 102), une petite boutique qui n'a que 9 pieds de largeur sur 11 de profondeur, se loue 700 liv. par an ; ce qui n'est encore rien en comparaison du prix des loyers du ci-devant Palais-Royal, dont un petit carré de boutique de cette même grandeur s'y loue régulièrement 1,500 liv., et une arcade (savoir, le plain-pied de 9 pieds et demi de largeur sur 22 de profondeur, avec l'entresol, qui n'a que 7 pieds de hauteur), 3,000 liv. par an.

(126) Savoir, d'abord par le besoin de logement pour contenir le grand nombre d'ouvriers nécessaires pour cette bâtisse, et ensuite, vu la beauté et les agrémens de cette ville, par l'affluence des rentiers et personnes aisées, suivi naturellement par l'espoir d'y trouver de l'occupation et l'appât du gain, par des milliers d'artisans, de négocians, et d'ouvriers en tous genres.

(127) Vu que l'on n'exigera qu'un cinquième comptant, et ne payera les quatre cinquièmes restant, qu'à raison d'un cinquième chaque année, ce qui fait un terme de quatre ans pour le tout.

(128) Des vingt-cinq carrés de 10 mille pieds, qu'environ deux carrés pour placer la ville, et faire les nouvelles routes nécessaires.

(129) Voyez ci-après l'article Montant de la recette générale.

MONTANT

De la Dépense générale de l'Etablissement de cette Ville.

1º. L'administration et frais de billets de
    banque...................... 4 $^{\text{millions.}}$ (130)
2º. L'achat du terrain nécessaire (cité à
    l'article Moyen d'établir et de bâtir
    cette ville, sans qu'il en coûte rien à
    l'Etat, page 44)............... 45 (131)
3º. La bâtisse de toutes les maisons et hô-
    tels des particuliers............ 168 (132)
4º. La bâtisse, et frais particuliers de tous
    les édifices publics, etc......... 83 (133)

TOTAL.... 300 millions.

(130) Ce qui est suffisant, vu que les frais de rechange de ces billets de banque se trouveront balancés par la recette d'une petite rétribution, citée à la note 119.

(131) Vu que les 50 mille pieds carrés forment 25 carrés de 10 mille pieds carrés, et chaque carré de 10 mille pieds, 10 mille acres (ou jours) de 100 pieds carrés, par conséquent 2,500 arpens de France (de 200 pieds carrés), et les 25 carrés 62,500 arpens, lesquels à raison de 720 liv. l'un dans l'autre, y compris les maisons qui peuvent s'y trouver, forment une somme de 45 millions.

(132) A raison de 12 millions, chacun des 14 carrés à vendre, non compris les édifices publics qui s'y trouvent, ce qui fait à peu près 80 mille livres chaque maison de la grande rue, (sans la bâtisse dans les cours et les jardins qui se feront à loisir, et au goût des propriétaires).

(133) Savoir, 1º. les remparts, murs et portes de la ville, 15 millions ; 2º. le palais et jardin national, 15 millions ; 3º. les quatre églises, chacune 2 millions ; 4º. le nivellement, rues (pavés et trottoirs) et routes à une lieue à la ronde, 15 millions ; 5º. tous les autres édifices publics, 30 millions.

MONTANT DE LA RECETTE GÉNÉRALE,

C'est-à-dire, montant du bénéfice pour balancer la dépense de tous les Edifices publics, ainsi que les frais particuliers à la charge de l'Etat.

1º. En fixant le prix de la vente des terres dans l'enceinte de la ville, qu'à la moitié de celui des faubourgs de Paris, qui bordent la ville (134), savoir : 1º. l'emplacement de la principale maison (corps-de-logis) des grandes et moyennes rues, ainsi que celui des palais et hôtels des particuliers, qu'à 10 louis la toise ; 2º. celui de la principale maison des petites rues, à 5 louis la toise ; 3º. celui de toutes les cours et jardins, à 1 louis la toise ; il résulte, d'après un compte fait, que le prix de la vente du terrain de chaque carré ordinaire monte à 5 millions, par conséquent la vente (bénéfice (135)) de 14 carrés (en réduisant les 16 carrés à 14, par rapport au vide du centre), à une somme de . . . . 70 millions.

2º. Comme toutes les terres, à une forte lieue tout autour d'une grande ville, sont censées valoir le double, et même le triple (136), par la proximité des débouchés et le prix avantageux de leur produit, et de plus la facilité d'avoir de l'en-

---

(134) Dont je prendrai pour terme moyen et exemple, le faubourg Saint - Denis, dans lequel, un an avant la révolution, le prix courant d'un terrain de 50 et même de 100 toises carrées, étoit de 120 livres la toise ; ce qui, en portant tout le derrière des 5 premières toises en face de la rue (destinées pour l'emplacement des maisons sur la rue), qui n'est propre que pour des cours et jardins, etc., à 2 louis la toise (le double du prix fixé ci-après, pour les cours et jardins de cette nouvelle ville), porte chacune des 5 toises de profondeur et de face sur la rue, à plus de 25 louis ; ce qui n'est encore rien en comparaison du prix du terrain dans le centre de Paris, puisque le prix courant, à la même époque, de 20 toises de face sur 10 de profondeur dans le quartier Saint-Honoré, étoit de 25 louis la toise ; ce qui, en portant le derrière des 5 premières toises de profondeur en face de la rue (destinées pour l'emplacement de la maison sur la rue), propre que pour des cours et jardins, à 2 louis la toise (qui est de même le double du prix fixé ci-après, pour les mêmes objets dans la nouvelle ville), porte chacune desdites 5 toises de profondeur et de face sur la rue, à plus de 40 louis la toise.

(135) Vu que le prix d'achat se trouve défalqué ci-après.

(136) Ce qui se trouve prouvé par le prix du loyer excessif de toutes

grais en abondance, qui est dans le cas de les faire rapporter le double, en fixant le prix des terres qui restent tout autour de la ville, savoir : 1°. les 1,033 toises les plus éloignées qu'à un tiers de plus de ce qu'elles ont coûté, savoir, au lieu de 600 liv. l'arpent (sans maisons), 800 liv. l'arpent ; 2°. les 1,000 toises suivantes que deux tiers de plus, savoir, au lieu de 600 liv. l'arpent, 1,000 l. l'arpent ; 3°. les 1,000 toises le plus près de la ville, le double, savoir, au lieu de 600 liv. l'arpent, 1,200 liv. l'arpent (137). Il résulte, malgré le bas prix de la vente de ces terres (revente des 45 millions de terres, cité à la page 51), un bénéfice de 30 millions. Supposé ensuite qu'il y ait 4 millions à déduire pour les terres nécessaires pour l'emplacement de la ville, et les routes convenables à une lieue à la ronde, et 6 millions de perte sur les maisons que l'on a été obligé d'abattre pour placer cette ville, ainsi que les routes que l'on vient de citer, il restera encore un bénéfice net de............ 20 millions.

3°. Quoique l'Etat ne cherchera pas à gagner sur la bâtisse des maisons, puisqu'elles ne seront mises à l'enchère pour la vente, qu'au prix coûtant à l'Etat, avec la jonction du prix du terrain au taux cité ci-dessus, il n'est pas douteux, vu l'avantage de leur acquisition (138), que cette enchère pourra être portée à 10, et même à 15 pour cent au-dessus de l'estimation primitive, par conséquent produire encore un bénéfice de plus de.......................... 10 millions.

4°. Quoique, par une loi très-précise, toutes les maisons, palais et hôtels, seront mis en vente aussitôt finis, il n'est pas douteux non plus qu'il s'écoulera toujours quelques mois, par conséquent l'avantage de la jouissance de plusieurs mois de loyer au profit de l'Etat ; ce qui, sur la totalité, ne laissera pas que de produire encore une somme très-considérable.

5°. Le jardin qui règne tout autour du mur de la ville, se

---

les terres aux environs de Paris, puisque le prix ordinaire du loyer d'un arpent de terre sur les communes de Belleville et Menil-Montant, quoique généralement très-sablonneuse, est de 80 à 90 liv. par an, ce qui porte le fonds à raison de 3 pour cent, à 3,000 liv. l'arpent, au lieu du prix ordinaire de 600 liv.

(137) Ce qui est encore plus de moitié au-dessous du prix de ceux cités à la note précédente.

(138) Par la certitude d'en pouvoir tirer un loyer très-avantageux sur-le-champ.

trouvant compris dans la dépense générale des édifices publics, et conservé comme propriété nationale, par conséquent loué au profit de l'Etat, lui procurera encore l'avantage d'un revenu de plus de 20,000 liv. par an.

Il est donc constant que l'établissement de cette ville ne coûtera, non-seulement pas un denier à l'Etat, mais lui rapportera encore un bénéfice de plusieurs millions.

DIVISION FIXE DE LA BATISSE,

C'est-à-dire, Division annuelle nécessaire, pour que cette bâtisse, montant à 251 millions (139), puisse se faire en 15 années de temps, sans gêne, sans embarras, et au plus bas prix possible (140).

		millions.	millions.
1re. année.	Un quart de carré à vendre, montant à (141)	3	
	En édifices publics, nivellement, routes et pavés, etc.	1	4
2e	Un demi-carré à vendre	6	
	En édifices publics et nivellement, etc.	2	8
3e	Trois quarts de carré à vendre	9	
	En édifices publics et nivellement, etc.	3	12.

(139) Savoir, celle des maisons et hôtels des particuliers, à 168 millions, et celle des édifices publics, nivellement et pavés, etc., à 83 millions.

(140) Il n'est pas douteux que cette ville pourroit se faire en bien moins de temps ; mais alors, par le besoin d'un trop grand nombre d'ouvriers à la fois, qu'il faudroit nécessairement faire venir de tous côtés, et payer bien cher, et que de plus, par la rareté des logemens, qui en rendroit le prix exorbitant, il faudroit payer plus cher encore, on ne peut pas disconvenir que cette impatience doubleroit le prix de la main d'œuvre ; tandis qu'en suivant le plan de progression ci-après, le tout peut se faire sans gêne, sans embarras, et au taux du prix de la main d'œuvre ordinaire, vu, 1º. que le bruit seul de cette bâtisse, annoncée dans un journal de l'Etat, puis répétée dans tous les journaux étrangers, y fera naturellement accourir le nombre d'ouvriers nécessaires pour faire la bâtisse annuelle fixée ci-après, par conséquent au prix ordinaire ; 2º. que ce même plan de progression facilitera le moyen de pouvoir les loger au fur et à mesure, pour un prix très-modique.

(141) A raison de 12 millions le carré, comme il est dit à la note 132.

années.		millions.	millions.
4e	Un carré à vendre.................... 12	}	16.
	En édifices publics et nivellement, etc.... 4		
5e	Un carré et un quart à vendre........... 15	}	20.
	En édifices publics et nivellement, etc.... 5		
6e	Un carré et demi à vendre............. 18	}	24.
	En édifices publics et nivellement, etc.... 6		
7e	Un carré et demi à vendre............. 18	}	27.
	En édifices publics et nivellement, etc.... 9		
8e	Un carré et demi à vendre............. 18	}	29.
	En édifices publics et nivellement, etc.... 11		
9e	Un carré et demi à vendre............. 18	}	27.
	En édifices publics et nivellement, etc.... 9		
10e	Un carré et demi à vendre............. 18	}	24.
	En édifices publics et nivellement, etc.... 6		
11e	Un carré et un quart à vendre........... 15	}	20.
	En édifices publics et nivellement, etc.... 5		
12e	Un carré à vendre.................... 12	}	16.
	En édifices publics et nivellement, etc.... 4		
13e	Un demi-carré à vendre............... 6	}	12.
	En édifices publics et nivellement, etc..... 6		
14e	En édifices publics et nivellement, etc.... 8	}	8.
15e	En édifices publics et nivellement, etc.... 4	}	4.

TOTAL.................. 251.

HOTELS DE PENSIONS

RÉGIS PAR L'ÉTAT.

DANS chaque capitale de Département (ou de Province) de
300 mille ames, il y aura quatre maisons de pensions régies
par l'Etat, savoir, 1°. une de quatre mille ames et une de deux
mille ames pour les hommes ; 2°. une également de quatre
mille ames et une de deux mille ames pour les femmes.

PRIX DE LA PENSION. Le prix de la pension des
quatre mille, dits de la seconde classe, ne sera, tout com-

pris (142), que de 200 l. par an (143) (ou d'un don de 2000 l. pour la vie durant), et celui des deux mille, dits de la première classe, de même tout compris, que de 600 l. par an (144) (ou d'un don de 6000 l. pour la vie durant).

NOURRITURE. Dans toutes ces quatre maisons on suivra, pour l'heure et le nombre des repas, le même usage que dans presque toutes les maisons de ce genre, savoir, celle de 9 heures jusqu'à 11 pour le dîner, et celle de 4 heures jusqu'à 6 pour le souper. A l'égard de la nourriture, la première classe aura régulièrement, pour son dîner, la soupe et le bouilli avec un peu de légumes (variés chaque jour), et pour le souper, un plat de graines et un plat de légumes, également variés tous les jours (les jeudis et dimanches soir, du rôti) (145). Quant à la seconde classe, vu l'extrême modicité du prix pour la fourniture générale de tout, citée à la note (142), elle n'aura pour son dîner, ainsi que pour son souper, que des soupes à la Rumford, mais en quantité suffisante, et variées autant qu'il sera possible (au moins le matin et le soir), et de plus l'agrément d'avoir tous les jeudis et dimanches les mêmes dîner et souper que ceux de la première classe les jours ordinaires (146).

COSTUME. Le costume des hommes de la première classe sera composé d'un habit de drap brun (croisé et long), avec un collet de velours noir, veste, culotte et bas noirs; cheveux ronds, un chapeau à trois cornes, à demi-rabattu, et soutenu par les ganses (comme étoient ceux de quelques-

---

(142) Non-seulement la nourriture, le chauffage, la lumière et le blanchissage, mais encore (comme dans les ci-devant abbayes et couvens) le linge et le vêtement, ainsi que le médecin, à condition que l'on payera en entrant (une fois pour toutes) une somme égale au montant d'une année de pension.

(143) Mais à condition qu'il sera toujours payé un quartier d'avance.

(144) Qu'ils payeront de même par quartier et d'avance, et de plus, en entrant, la valeur d'une année de pension entière, vu qu'ils jouiront des mêmes droits et avantages cités à la note (142).

(145) Ceux qui désireront avoir du vin ou du dessert, etc., jouiront encore de l'agrément d'y trouver tous ces objets à un prix très-modique, même des chambres à un lit, à deux lits, et à quatre lits.

(146) Ceux qui désireront avoir plus de variété, ou quelque chose de plus, y trouveront les mêmes facilités et agrémens cités à la note précédente. *Nota.* Comme les personnes qui entrent dans cette dernière classe sont censées très-peu fortunées, l'État fournira de l'ouvrage à tous ceux qui désireront de s'occuper pour se procurer quelques agrémens particuliers.

uns des ci-devant ordres religieux) (147); et le costume des hommes de la seconde classe consistera en une lévite longue, d'un gris-de-fer mélangé, presque noir, veste, culotte et bas noirs, col noir, avec un renversé blanc, et un chapeau oval.

REGLES FIXES POUR ENTRER DANS CES MAISONS. Comme il n'est pas douteux que, vu l'extrême modicité du prix de ces pensions, comparé aux bien-être et agrémens en tous genres dont on jouira dans ces maisons, elles seront presque toujours au delà du complet, et que, par conséquent, il y aura toujours un grand nombre de surnuméraires, pour prévenir toute difficulté ou nécessité de protection, qui que ce soit ne pourra y entrer avant son tour. Pour cet effet, il y aura un registre où tous les aspirans se feront inscrire; et pour prévenir toute inscription par pure précaution (sans intention fixe), qui que ce soit ne sera inscrit qu'après avoir payé, en forme d'arrhes, un quartier d'avance, ni laisser passer son tour sans perdre ses arrhes, et être déchu de son droit.

AGRÉMENS ET AVANTAGES DES PARTICULIERS. Ces maisons seront très-agréables et avantageuses pour, 1°. toutes les personnes peu fortunées qui ne jouissent que de 200 l. de rente, vu qu'avec une somme aussi modique, il est impossible qu'elles puissent se loger, nourrir, chauffer et entretenir, tandis que dans ces maisons, avec cette même somme, elles peuvent y être très-heureuses (148); 2°. pour les personnes qui ne jouissent que de 600 l. de rente, vu encore la même difficulté que ci-dessus; 3°. pour des personnes qui jouissent de 8 à 900 l. de rente (149); 4°. pour des

---

(147) Ce costume très-honnête et très-propre aura encore l'avantage d'être très-peu dispendieux.

(148) C'est-à-dire, plus heureux que ceux qui jouissent du double de leur revenu partout ailleurs, vu que, joint à une nourriture réglée et très-saine, ils auront l'agrément, 1°. de se trouver en hiver dans des salles d'une chaleur fort douce et très-agréable; 2°. en cas de maladie, soignés par des médecins experts attachés à la maison; 3°. à même d'y former une société très-agréable, vu leur grand nombre, par conséquent la facilité d'y trouver des personnes du même âge, du même goût et du même caractère, et passer (ou finir) par ce moyen la vie le plus agréablement possible, c'est-à-dire, sans ennui, sans soucis, et sans aucun autre désagrément quelconque, (du moins essentiel comme besoin de nourriture suffisante, désagrément du froid, et manque de soin en cas de maladie).

(149) Puisqu'avec ce petit surplus de 600 liv. (de 2 ou 300 liv. par an),

péres et mères peu fortunés qui ont des enfans affligés de quelque infirmité (sourds, muets, aveugles, contrefaits, ou su-
jets à des maladies extraordinaires); 5°. pour des pères et
mères impotens, ou tombés dans l'indigence (150); 6°. pour
tous les enfans reconnoissans qui désirent remplir leur devoir
envers ceux qui leur ont donné le jour (151); 7°. pour des
vieillards même très-aisés (152).

AGRÉMENS et AVANTAGES de l'État.

---

ils peuvent s'y procurer tous les agrémens possibles, et y être généralement plus heureux qu'avec 1500 liv. partout ailleurs.

(150) Vu qu'au moyen de la facilité de pouvoir être placés, pour une
somme aussi modique, dans une maison honnête où ils peuvent terminer
leurs jours de la manière la plus agréable possible, il faut que leurs enfans soient bien dénaturés ou bien malheureux pour ne pas se coliser pour
leur procurer cette satisfaction, d'autant plus que ce n'est censé qu'une
avance faite pour eux-mêmes, puisque s'ils ont le malheur de se trouver
dans le même cas, il n'est pas douteux que leurs enfans suivront leur
exemple pour la même raison.

(151) Beaucoup d'enfans trop peu fortunés pour pouvoir garder chez eux
des personnes âgées ou infirmes, qui, joint à la dépense, exigent une infinité de soins de toute espèce, se trouvent forcés, faute de la ressource
d'une maison de pension d'un prix aussi modique que celui cité ci-dessus, de les laisser aller à l'hôpital, où elles sont généralement très-mal.
D'autres, trop honteux pour laisser aller leurs pères et mères à l'hôpital,
les gardent chez eux, où ils sont plus mal encore, par l'ennui, et faute
de soins suffisans, impossibles d'être remplis par des personnes peu aisées,
trop occupées de leurs propres besoins; d'où il s'ensuit que la plupart de
ces vieillards périssent on ne peut pas plus malheureusement. *Voyez encore la note ci-après.*

(152) On ne peut pas disconvenir que peut-être plus de la moitié des
vieillards même très-aisés sont encore exposés à terminer leurs jours d'une
manière bien malheureuse, vu que la plupart (pour soi-disant leur tranquillité) se trouvant relégués dans des appartemens écartés, par conséquent absolument isolés et seuls, sans aucune récréation (moyen de dis-
traction) quelconque, chaque jour leur paroit, par un ennui insuppor-
table, une année entière. Supposé même, 1°. que l'ordre soit donné à
un domestique d'en avoir soin, quelle récréation, quelle ressource et quel
agrément en résulte-t-il pour eux? Ignore-t-on que ce domestique, en-
nuyé lui-même, ou dort sur une chaise, ou ne cherche qu'à s'esquiver à
chaque instant, sous vingt prétextes différens ? 2°. supposé encore (ce
qui est très-rare) que tour à tour, chaque jour, un parent doive lui te-
nir compagnie, le malheureux vieillard n'ignore pas que ce service est à
charge à tous. Il est donc constant que l'homme aisé même seroit infiniment moins malheureux dans ces maisons que partout ailleurs, puisque,
joint à ce qu'il se trouveroit à l'abri de tous les désagrémens cités ci-dessus,
il a l'avantage d'y pouvoir jouir de tous les agrémens cités dans les notes
145 et 148.

Vu qu'au moyen de cet établissement, un grand nombre de personnes infirmes, et surtout de vieillards, ne se trouveront plus réduits à se rendre dans les hôpitaux, faute d'une ressource semblable, qui réunit à l'agrément du plus bas prix possible une retraite honnête, et tous les avantages cités ci-dessus, il n'est pas douteux que les hôpitaux seront infiniment moins encombrés, par conséquent moins à charge à l'Etat (153). Quant à la dépense de ces maisons, il n'y a pas de doute aussi, que si elles sont bien administrées, la recette balancera au moins la dépense (154).

BEAUTÉ D'UNE VILLE.

Pour qu'une ville soit réellement belle, il faut qu'elle réunisse tous les objets suivans, savoir :

1°. Une grandeur et population fixe de 100,000 ames (155);

2°. Un site parfaitement uni (156).

3°. Que les rues soient, non-seulement d'une grande et belle largeur, avec de beaux trottoirs de chaque côté, mais encore alignées, et d'une longueur à perte de vue.

4°. Que toutes les maisons des grandes rues réunissent à une forme d'architecture riche et agréable, une hauteur noble et majestueuse.

5°. Que toutes les boutiques des grandes rues soient d'une

(153) Avantage sans doute très-conséquent ; mais tel avantageux que puisse être ce projet pour le trésor public, il ne peut point être comparé à celui qui en résulte pour le soulagement et le bonheur de tout ce qui doit nous être le plus cher, et qui, au fond, est le seul but de cet article. Puisse-t-il tomber entre les mains des chefs de toutes les nations ! Mon vœu sera rempli, persuadé qu'il suffit de leur faire connoître le mal, et le moyen de faire le bien, pour jouir du plus grand bien-être possible.

(154) Puisque les militaires qui n'ont qu'une livre et demie de pain par jour (qui dans les temps ordinaires peut valoir 3 sous), et 5 sous de paye fixe (sur quoi il y a encore 1 sou de retenue), vivent cependant passablement bien, au moyen d'une réunion de douze à quinze par chambrée, il n'est pas douteux qu'au moyen d'une réunion infiniment plus grande, il en coûtera encore moins, et qu'en ajoutant pour leur entretien encore 2 sous au sou retenu ci-dessus (ce qui fait ensemble 10 sous par jour), cela ne fait encore que 182 liv. 10 sous par an.

(155) Voyez la preuve à l'*Avant-Propos*, page 1.

(156) Voyez la preuve à l'article *Choix du site nécessaire*, page 2.

(60)

forme d'architecture élégante, de suite, et non interrompues par aucun autre objet quelconque (logemens particuliers, ou écuries et remises, ou murs de jardins, etc.) (157), et que de plus, pour l'agrément de la tranquillité, air de propreté et beauté du coup d'œil général desdites grandes rues, tous les ateliers et états désagréables par une raison quelconque (bruit, odeur ou aspect, etc.), soient placés dans des quartiers (petites rues) particuliers, ainsi que toutes les écuries et remises, etc. (158).

6°. Qu'il y ait un grand nombre de fontaines publiques d'un bel effet, et placées de manière à ne pouvoir produire aucun désagrément quelconque.

7°. Que les places publiques soient en grand nombre, belles, et d'une grande variété.

8°. Que les palais et hôtels des particuliers, ainsi que les édifices publics, soient non-seulement en grand nombre et d'une belle forme d'architecture, mais encore placés de manière à produire le plus bel effet possible (159).

9°. Qu'il y ait des promenades publiques pour tous les temps et toutes les saisons (160), et qui de plus joignent à l'agrément d'une grande beauté, l'avantage de la proximité (161).

10°. Qu'il y ait des académies de toute espèce, une bibliothèque publique, et un jardin des plantes, etc.

11°. Des lois de police utiles et agréables pour tous ses habitans (162).

D'après cet exposé, il est constant que jusqu'à ce jour, il n'existe et n'a jamais existé de ville véritablement belle, par

---

(157) Vu que rien n'est plus triste au coup d'œil (ni plus lugubre et dangereux la nuit), que la discontinuation des boutiques par un objet quelconque.

(158) Conformément à l'ordre prescrit à l'article *Police d'agrément*, page 42.

(159) Sans quoi les plus beaux monumens se trouvent censés nuls pour l'honneur et l'agrément d'une ville.

(160) Savoir, temps des pluies et le beau temps, l'été et l'hiver (le grand froid et les chaleurs excessives), le jour et la nuit.

(161) Vu que trop éloignées, elles deviennent à peu près nulles, et d'aucun agrément quelconque pour la plus grande partie des habitans.

(162) Telles qu'elles sont prescrites à l'article *Police d'agrément*, page 42.

conséquent digne de porter ce nom (163). Il n'est donc pas douteux que le plan de ville dont il est ici question, mérite d'autant plus l'attention des chefs de tous les gouvernemens, qu'indépendamment de ce qu'il réunit toutes les beautés, ainsi que tous les agrémens et avantages cités ci-dessus, il procure encore des moyens d'occupation et de débouché infinis à tous les habitans, à 12 et 15 lieues à la ronde, par conséquent joint au délice de la jouissance de tous les principaux agrémens de la vie, encore l'avantage du plus grand bien-être possible à tout ce qui l'environne, et finalement, pour comble de satisfaction, l'estime et la considération de toutes les nations (164).

---

(163) Car tout objet quelconque, qui se trouve composé de plusieurs parties, pour faire un tout ensemble, n'est censé beau, que lorsque toutes ces parties sont dans un état de perfection convenable; de sorte qu'il ne suffit pas qu'une pièce de théâtre présente quelques beaux instans, et contienne quelques belles phrases ou quelques beaux vers, etc., si le reste est mauvais, elle ne feroit pas moins considérer comme fou quiconque voudroit la faire trouver belle.

(164) L'exécution de ce projet est même d'une nécessité absolue pour la France, vu que l'émigration continuelle des habitans des départemens pour Paris (les uns par force, faute de travail et de moyens d'existence, et les autres par dégoût de leur département, faute de variétés et de récréations suffisantes), son excessive population, dont la suite ne peut devenir que très-critique (par la raison citée à la note 2, page 1), ne peut être arrêtée qu'en adoptant ce plan.

F I N.

TABLE.

Fin de la Table.

196

www.ingramcontent.com/pod-product-compliance
Lightning Source LLC
Chambersburg PA
CBHW051146050726
47594CB00003B/1268